humanística

36

Humanística

1. *Introdução à vida intelectual*, João Batista Libanio
2. *Norma linguística*, Marcos Bagno
3. *A inclusão do outro — Estudos de teoria política*, Jürgen Habermas
4. *Sociologia da comunicação*, Philippe Breton, Serge Proulx
5. *Sociolinguística interacional*, Branca Telles Ribeiro, Pedro M. Garcez [org.]
6. *Linguística da norma*, Marcos Bagno [org.]
7. *Abismos e ápices*, Giulia P. Di Nicola, Attilio Danese
8. *Verdade e justificação — Ensaios filosóficos*, Jürgen Habermas
9. *Jovens em tempos de pós-modernidade — Considerações socioculturais e pastorais*, J. B. Libanio
10. *Estudos em filosofia da linguagem*, Guido Imaguire, Matthias Schirin
11. *A dimensão espiritual — Religião, filosofia e valor humano*, John Cottingham
12. *Exercícios de mitologia*, Philippe Borgeaud
13. *Paz, justiça e tolerância no mundo contemporâneo*, Luiz Paulo Rouanet
14. *O ser e o espírito*, Claude Bruaire
15. *Scotus e a liberdade — Textos escolhidos sobre a vontade, a felicidade e a lei natural*, Cesar Ribas Cezar
16. *Escritos e conferências 1 — Em torno da psicanálise*, Paul Ricoeur
17. *O visível e o revelado*, Jean-Luc Marion
18. *Breve história dos direitos humanos*, Alessandra Facchi
19. *Escritos e conferências 2 — Hermenêutica*, Paul Ricoeur
20. *Breve história da alma*, Luca Vanzago
21. *Praticar a justiça — Fundamentos, orientações, questões*, Alain Durand
22. *A paz e a razão — Kant e as relações internacionais: direito, política, história*, Massimo Mori
23. *Bacon, Galileu e Descartes — O renascimento da filosofia grega*, Miguel Spinelli
24. *Direito e política em Hannah Arendt*, Ana Paula Repolês Torres
25. *Imagem e consciência da história — Pensamento figurativo em Walter Benjamin*, Francisco Pinheiro Machado
26. *Filosofia e política em Éric Weil — Um estudo sobre a ideia de cidadania na filosofia política de Éric Weil*, Sérgio de Siqueira Camargo
27. *Si mesmo como história — Ensaios sobre a identidade narrativa*, Abrahão Costa Andrade
28. *Da catástrofe às virtudes — A crítica de Alasdair MacIntyre ao liberalismo emotivista*, Francisco Sassetti da Mota
29. *Escritos e conferências 3 — Antropologia filosófica*, Paul Ricoeur
30. *Violência, educação e globalização — Compreender o nosso tempo com Eric Weil*, Marcelo Perine, Evanildo Costeski [org.]
31. *A Filosofia na Psicologia — Diálogos com Foucault, Deleuze, Adorno e Heidegger*, Carlos Roberto Drawin, João Leite Ferreira Neto e Jacqueline de Oliveira Moreira [org.]
32. *Las Casas e Zumbi — Pioneiros da consciência social e histórica na luta pelos direitos dos Índios e dos Negros*, Frei Carlos Josaphat
33. *O Tempo Biológico em Teilhard de Chardin*, Witold Skwara
34. *O problema do mal no pensamento de Agostinho*, Makyl Angelo X. Mendes
35. *Deus e o homem e sua relação em Santo Agostinho*, Walterson José Vargas
36. *A oficina de Nostradamus — O futuro inventado pelas Profecias*, Paolo Cortesi

A OFICINA DE NOSTRADAMUS
o futuro inventado pelas *Profecias*

PAOLO CORTESI

Tradução
Enio Paulo Giachini

Edições Loyola

Título original:
L'Officina di Nostradamus – Il futuro inventato delle Profezie
© 2018 by Carocci editore, Roma
Corso Vittorio Emanuele II, 229 – 00186 Rome – Italy
ISBN 978-88-430-9244-4

Questo libro è stato tradotto grazie ad un contributo alla traduzione assegnato dal Ministero degli Affari Esteri e della Cooperazione Internazionale Italiano.

Obra traduzida com a contribuição do Ministério das Relações Exteriores e da Cooperação Internacional da Itália.

Dados Internacionais de Catalogação na Publicação (CIP)
(Câmara Brasileira do Livro, SP, Brasil)

Cortesi, Paolo

A oficina de Nostradamus : o futuro inventado pelas Profecias / Paolo Cortesi ; [tradução Enio Paulo Giachini]. -- São Paulo : Edições Loyola, 2022. -- (Coleção humanística ; 36)

Título original: L'Officina di Nostradamus : Il futuro inventato delle Profezie
ISBN 978-65-5504-162-0

1. Antropologia 2. Nostradamus 3. Nostradamus, 1503-1566 - Profecias I. Giachini, Enio Paulo. II. Título III. Série.

22-103340   CDD-133.3092

Índices para catálogo sistemático:
1. Nostradamus : Profecias : Ocultismo   133.3092

Maria Alice Ferreira - Bibliotecária - CRB-8/7964

Preparação: Marta Almeida de Sá
Capa: Manu Santos
Diagramação: Sowai Tam
Revisão: Rita Lopes

Edições Loyola Jesuítas
Rua 1822 nº 341 – Ipiranga
04216-000 São Paulo, SP
T 55 11 3385 8500/8501, 2063 4275
editorial@loyola.com.br
vendas@loyola.com.br
www.loyola.com.br

Todos os direitos reservados. Nenhuma parte desta obra pode ser reproduzida ou transmitida por qualquer forma e/ou quaisquer meios (eletrônico ou mecânico, incluindo fotocópia e gravação) ou arquivada em qualquer sistema ou banco de dados sem permissão escrita da Editora.

ISBN 978-65-5504-162-0

© EDIÇÕES LOYOLA, São Paulo, Brasil, 2022

Sumário

Introdução – Um homem chamado Nostradamus 7

1. A máquina do tempo futuro – Nostradamus e a técnica oracular 21
   Ciência nobilíssima e utilíssima 21
   O furor profético 23
   Nostradamus, um astrólogo incapaz 30
   Nostradamus ptolomaico 33
   A técnica personalíssima de Nostradamus 36
   Nostradamus mago 38
   A astrologia como código do inefável 43

2. História de um livro para além da história –
   A história editorial das *Profecias* 47
   Profecias antes das *Prophéties* 47
   A miragem dos bibliófilos 51
   Completa-se o milhar 54
   Cálculos nebulosos 56
   Descendentes falsos e impostores verdadeiros 58
   As palavras inspiradas 62
   O outro Nostradamus 66

3. Uma longa viagem ao mundo das profecias –
   Um exame das *Profecias* 71

O plágio de Nostradamus	71
Um outro plágio de Nostradamus	75
Uma fonte de Nostradamus: Julius Obsequens	76
Uma fonte de Nostradamus: Charles Estienne	86
Morte pelo fogo ou fim pela água?	91
O tempo de Marte e de Saturno	95
Um zodíaco poético	98
Os cometas da segunda centúria	100
A oficina das *Profecias*	102

4. *Dominus Mundi* – A espera do Rei do mundo ... 117
O império universal ... 117
O rei do mundo de estirpe gaulesa ... 123
O grande Chiren, rei do mundo ... 129

5. Sangue derramado, templos violados – Reverberações
das lutas religiosas nas *Profecias* ... 135
Au feu! Au feu! Meurent Luthériens! ... 135
O sangue derramado de gente da Igreja ... 138
Nostradamus católico ou protestante? ... 141

6. O código Nostradamus – Cinco séculos de fantasia (inócua?) ... 147
"Sempre predisse a verdade" ... 147
O método do não método ... 151
A medida do absurdo ... 158
Nostradamus? Internet! ... 161

Conclusão – O (verdadeiro) mistério de Nostradamus ... 165

Apêndice ... 175

Referências bibliográficas ... 195

Introdução –
Um homem chamado Nostradamus

*O grand abuseur de peuple, tu dis que tu as faict
de perpetuelles vaticinations, & apres
tu dis qu'elles sont pour d'icy a l'an 3797.
Qui t'a assuré que le monde doyve tant durer?*

(VIDEL, 1558, 30)

São dedicados a Nostradamus milhares de *sites*, centenas de livros, revistas, filmes e inclusive desenhos animados e quadrinhos. Esses últimos provêm mais do Japão, o país onde a mania de Nostradamus se mostra mais intensa e onde o vidente provençal é objeto de uma produção literária muito mais copiosa do que o é na nativa França.

A citação acima foi tirada de um artigo de Massimo Introvigne (1999), diretor do Centro studi sulle nuove religioni (Cesnur) [Centro de estudos para as novas religiões], que tem estudado Nostradamus no sentido pleno do termo.

Nos confrontos do astrólogo francês se costuma ter um posicionamento muito parecido com o que se tem com a fé, pois a grande maioria daqueles que se interessam, mesmo que só por curiosidade, por Nostradamus lhe atribui a capacidade de poder revelar o futuro.

Chamo a esses de "nostradamianos"; trata-se de uma espécie de confraria fatídica composta de muitas pessoas que, dotada de grande diversidade, se vê unida não por programas e métodos, mas por um *credo* fundamental: Nostradamus teria sido um vidente quase infalível.

Como veremos melhor nas páginas que se seguem, os nostradamianos estão convencidos de que o vidente sabia exatamente como se daria o futuro, e, assim, sua atividade é toda ela dedicada integralmente a encontrar confirmação de suas profecias. E é uma atividade incessante, que se expressa de uma infinidade de modos diversos, desde o tradicional livro até páginas na internet.

Os livros sobre Nostradamus não conhecem crise. A obra *Nostradamus: The complete prophecies for the future* (2006), do inglês Mario Reading, vendeu mais de 200 mil cópias mundo afora em sua edição original. O autor desse ensaio é definido pelo editor como "a única pessoa que decodificou as datas das indicações deixadas por Nostradamus, dando uma precisão incrível a suas previsões".

Na semana posterior ao ataque às Torres Gêmeas, a Amazon.com — a maior livraria virtual da internet — anunciava que os livros que interpretavam as profecias de Nostradamus registraram aumentos nas vendas na ordem de 50%, chegando até 70% (Adnkronos.com, 17 de setembro de 2001).

Mesmo na Itália não faltaram *best-sellers* escritos por nostradamianos. Um exemplo recente é o do advogado triestino Luciano Sampietro, em cujo livro, *Nostradamus settimo millennio*, o astrólogo provincial é apresentado

> como um cronista proveniente do passado para explicar os acontecimentos futuros que se detêm nas bancas de jornais interpretando os títulos e os eventos, anotando os que são mais importantes, expostos com caracteres grifados, e que via de regra reportam ocorrências tristes e lutuosas (SAMPIETRO, 2001, 14).

Não encontramos nele nenhuma tentativa de explicar como é possível que um homem possa conhecer o futuro, mas, sim, a certeza de que, para Nostradamus, esse prodígio era possível. No entanto, apesar dessa premissa tão frágil, o livro do advogado teve três edições seguidas.

David Ovason, considerado "o maior *expert* vivo de Nostradamus", classifica como um triunfo a mais flagrante prova da futilidade da profecia:

Nostradamus elaborou seus quartetos de modo que seu significado só se tornasse evidente depois que o predito evento tivesse acontecido. Na verdade, no decorrer da leitura, extensa e detalhada, dos inúmeros comentadores das glosas e das explicações publicadas até os dias de hoje, e apresentadas ao público em nome do próprio Nostradamus, não nos lembramos de um único caso em que um quarteto tenha sido interpretado de forma pertinente antes de ter sido confirmado pelo evento que predizia (OVASON, 1998, 381).

Este é um outro dogma dos nostradamianos: seu herói não comete erros. Inclusive nas obras em que declaram o quanto Nostradamus teria sido distorcido pela lenda os autores se entregam ao seu fascínio buscando revelações improváveis: em seu livro *As grandes profecias*, Franco Cuomo escreve:

> A enorme popularidade de Michel de Nostredame, que depois latinizou seu nome mudando-o para *Nostradamus*, ao modo dos humanistas renascentistas, não conseguiu durante os séculos dissipar os inúmeros lugares comuns que se acumularam em sua proposta (1997, 184).

Todavia, no mesmo capítulo, vamos ler "entre os inúmeros enigmas ligados com as profecias de Nostradamus, permanece totalmente inexplicável a precisão com que o vidente preconiza os horrores do nazismo e o holocausto de seu povo, chamando Hitler *pelo nome* pelo menos quatro vezes" (id., 186). Não vamos encontrar nenhum enigma aqui: Nostradamus escreveu de fato "Hister", que se parece com "Hitler", mas é simplesmente o nome latino do rio Danúbio.

Muito embora os jornalistas tenham declarado guerra às *fake news*, eles ainda são muito facilmente influenciados pela lenda de Nostradamus e não cessam de renová-la e difundi-la, ainda que com certa cautela que salvaguarda o aspecto profissional, mas não diminui no grande público o impacto de notícias como estas: *A profecia de Nostradamus: Vencerá Trump, depois será o fim* (Claudio Certaldo, ilgiornale.it); *A profecia de Nostradamus: assim irá começar uma guerra na França* (Mario Valenza, ilgiornale.it); *Trump, a vitória prevista nas profecias de Nostradamus: as frases impactantes* (ilmattino.it); *As profecias de Nostradamus aterrorizam a Internet, em 2017 teremos a irrupção do Vesúvio e o mundo será invadido por extraterrestres* (notizie.tiscali.it); *Terremotos, mudanças climáticas, morte do papa, guerras: eis aí as previsões de Nostradamus para o ano de 2017* (Monia Sangermano, meteoweb.eu).

A Internet é o verdadeiro reino dos nostradamianos.

Há centenas de *sites* em todas as principais línguas do planeta que, via de regra, copiando reciprocamente seus conteúdos, vão repetindo a lenda da infalibilidade do astrólogo francês. É praticamente impossível apresentar uma visão coletiva dessa constelação imensa de *sites* nostradamianos; só é possível citar alguns entre os mais visitados e mais ativos: www.nostradamus.org, www.hogueprophecy.com, www.newprophecy.net, www.newprophecy.weebly.com, www.acam.it/sezione/nostradamus, www.paranormale.com, ducadeitempi.blogspot.it, www.predictionsnostradamus.com, www.troisiemeguerremondiale.net, www.nostradamus-2018.com, www.nibiru2012.it.

Na Itália, Renucio Boscolo alcançou certa popularidade, ele que desde os anos 1970 afirma ter descoberto a chave para decifrar as profecias e posicioná-las na exata cronologia. Transcrevo aqui, de seu *site*, uma contribuição recente que ele postou — datada de 13 de dezembro de 2017 — mantendo exatamente a mesma grafia, inclusive com as letras maiúsculas e os espaços:

JERUSALÉM — A pedra de TROPEÇO das NAÇÕES (ONU) — É estranho como no reaparecer cíclico de hostilidades milenares contra Jerusalém acabe desaparecendo tudo o que se escrevera no começo do ano sobre: Cabeças de Áries, Ariel, Ares para Júpiter e saturno turno. DIEU ETERNE (DEUTER-Intérprete) Eternale City (Roma-Jerusalém) Quelle Mutations-Qwelles = Welles (em alemão) as ondas = the Waves de tal grande MUDANÇA! Portanto, em razão das mudanças nos Cumes (Júpiter) Vértices Militares (ARES-Marte) no Tempo de Saturno Turno (Urna eleitoral tempo) para ARIEL = JERUSALÉM. ARIEL — ARI — o Leão de EL-di DEUS! (BOSCOLO, 2017).

Detenho-me aqui, mas o texto prossegue com a mesma clareza.

Os *sites* nostradamianos apresentam a exatidão das profecias do vidente como um dado de fato: "A fidelidade das previsões é avaliada em 70-85%"; essa declaração peremptória foi publicada num artigo em

"Sputnik Italia" de 2017[1]. Inclusive órgãos de imprensa dos quais seria de esperar mais ponderação se deixam influenciar pela febre nostradamiana, caindo no pecado mortal do jornalismo, a saber, declarações não verificadas: "Nostradamus escrevia: a grande guerra começará na França e depois toda a Europa será atingida", lemos em "Panorama";

ela será longa e terrível e, depois, finalmente virá a paz, mas poucos poderão fruir desta. [...] Eis uma outra passagem tirada de *As profecias*: haverá tantos cavalos dos cossacos bebendo nas fontes de Roma. [...] Trata-se evidentemente apenas de palavras escritas há cinco séculos, mas que ressoam de forma inquietante nos dias atuais (JONNA, 2015).

Talvez sejam realmente inquietantes, mas seguramente não são de Nostradamus, que jamais escreveu coisa do gênero. Os nostradamianos difundem seu verbo também na televisão: no programa *La strada dei miracoli* (A estrada dos milagres), no dia 27 de outubro de 2015, a emissora Rete 4 de Mediaser transmitiu o programa de Valentina Fabris intitulado *Nostradamus, ecco le profezie "avverate"* (Nostradamus, eis aí as profecias que se verificam), em que se defendia que o ataque às Torres Gêmeas, a ditadura de Hitler, a bomba atômica, o assassinato de Kennedy, a morte de Lady Diana e os atentados de Madri foram preditos por Nostradamus.

No inverno de 1669, por ocasião da morte do papa Clemente IX, seguiu-se um conclave dificílimo que durou quase cinco meses. Também naquela ocasião procurou-se adivinhar o nome do próximo pontífice recorrendo à assim chamada profecia de Malaquias: um texto atribuído àquele santo, mas que surgiu antes por volta do final do século XVI, que elenca os papas cada um deles indicado por uma palavra latina — que deveriam suceder-se no trono de Pedro até o final do mundo. Entre parênteses: a lista já foi encerrada com o papa Bento XVI e o pontífice que ora reina não estava previsto; em seu lugar a profecia indica Pietro

---

1. Cf. *Rileggendo Nostradamus: la Russia alleata dell'Iran e la spagna brucierà* [sic], disponível em: https://it.sputniknews.com/mondo/201708224931289-Nostradamus-Russia-Iran-Spagna/, 22 de agosto 2017, acesso em: fev. 2018.

Romano, que reinará durante as *tribulações* da Igreja Católica, no final das quais virá o juízo universal.

Segundo essa lista, depois de Clemente IX, seguir-se-ia o papa que a suposta lista indicava com a expressão *"de flumine magno"* ("do grande rio"). O florentino Lorenzo Panciartichi acompanhou ao conclave o cardeal Leopoldo de Médici, de quem era o bibliotecário particular. Em uma carta, Panciatichi escreveu o seguinte:

A profecia que o papa tenha de provir *de flumine magno* é interpretada a favor de Vidone, que é cremonês, nascido no rio Pó, e de Spada, que nasceu em Lion. Por outro lado, crê-se que favoreça Bona, pois perto de Mondovi existe um rio chamado Magno. Muitos concordam que se aplique a Elci, que mora na praça Navona, onde há os quatro rios sob a Torre de Inocêncio. Mas há quem, com comentário ridículo, a relacione a Facchinetti, pois este foi batizado em Bologna na paróquia de São Magno e teve como padrinho o conde Fiumi (GUERRINI, 1923, 211).

Foram, portanto, cinco os cardeais que pareciam adaptar-se ao tema segundo intérpretes relativamente interessados. Nenhum desses cinco cardeais se aproximou do papado. Foi eleito pontífice o romano Emilio Altieri, que tomou o nome de Clemente X. Foi fácil para os que defendem a exatidão da profecia "demonstrar" que *"de flumine magno"* indicava propriamente Altieri, nascido em Roma, isto é, nascido sob as margens do Tibre, nascido, portanto, junto ao "grande rio": "Clemente X, em cujo dia de aniversário o *rio* Tibre sobressaiu de seu leito, que fora denominado por um poeta com uma expressão enfática chamando-o de *Tebro, rio dos reis e rei dos rios"* (DE NOVAES, 1821, 57).

Esse histórico anedótico demonstra perfeitamente o mecanismo da profecia: uma vez tendo-se admitido a possibilidade de conhecer o futuro, o comentador só precisa procurar confirmação da exatidão da profecia; a tarefa não é fácil — para quem escreve, realmente, *é impossível* —, no entanto o exegeta-crente se vê impingido a "explicar" coisas improváveis e, via de regra, inverídicas. Contudo o mais impactante é que a profecia *funciona sempre de forma retroativa*. O caso do papa Clemente X é exemplar: antes de sua eleição, ninguém conseguira deduzir seu nome da profecia do pseudo-Malaquias; depois que o cardeal Altieri ascendera ao trono, então, surgiram as provas *a posteriori*.

Para retomar o caso da eleição de Clemente X, é evidente que o nome do futuro papa poderia ter sido associado a qualquer grande rio europeu, desde o Sena ao Danúbio.

Sob um exame racional, toda profecia tem se mostrado enganosa, com alguns raros casos de analogia com a realidade, casual e circunscrita.

As *Profecias* de Nostradamus formam muito provavelmente o texto profético que, mais que qualquer outro, foi e é objeto de todo tipo de interpretação.

No entanto, Michel de Nostredame não foi diferente de tantos outros intelectuais renascentistas[2]. Descendente de uma família hebraica convertida ao catolicismo, ele nasceu no coração da Provença, em Saint-Rémy-de-Provence, em 14 de dezembro de 1503 (LHEZ, 1968, 386). Seu pai se chamava Jaume; era comerciante de vinho e de cereais. Por volta de 1510, Jaume subiu um degrau na escala social e se tornou notário. O avô paterno de Michel, Crescas de Carcassonne, em 1459, trocara o seu nome para o nome cristão de Pierre; não era um iniciado nos mistérios sagrados da cabala, como se lê ainda hoje, mas um comerciante que também concedia empréstimos sem cobrar juros. Seu bisavô materno, Jean de Saint-Rémy, era médico.

A família daquele que ainda não se chamava Nostradamus era bem abastada, por isso o rapaz pôde ter uma educação típica das classes dominantes. Em 1518, estudou em Avignon, mas logo cedo começou a viajar, atividade que marcou a primeira parte do jovem Michel, que naquela época estava interessado apenas em farmácia, ou, antes — como se diz hoje em dia —, na fitoterapia. Entre 1521 e 1529, Michel viajou para o sudeste da França — Guiena, Langedoc, Lionês e Delfinado. Em 1524, a Provença foi invadida e ocupada pelas esquadras imperiais, e a dor e o medo experimentados pelo jovem de 21 anos à época deixou marcas nas profecias que ele iria escrever trinta anos depois; assim como Narbona — cidade onde se encontrava o estudante em 1525, quando houve uma epidemia de peste — iria ocupar nos versos proféticos um posto absolutamente desproporcional com relação à importância real histórica ou política.

---

2. Para as referências biográficas que se seguem cf. Leroy (1993), parte I e II.

Depois de finalizar seus estudos de Medicina, Michel se transferiu para Agen (a cidade é citada nas *Profecias* em 1.79, IV.72, VII.12, IX.38 e IX.85), onde foi hóspede do literato Giulio Cesare Scaligero (1484-1558), mas abandonou rapidamente essa cidade por uma série de motivos: um provável litígio com o italiano; a morte da primeira mulher e de dois filhos pequenos; a inquisição havia recebido uma denúncia sobre ele, porque, em 1534, dois franciscanos ouviram-no falar de modo irreverente sobre imagens sagradas. Em 1544, Michel viajou ainda entre a França e a Itália. Nesse mesmo ano, junto a outros colegas, ele tentou conter a epidemia da peste que flagelava Marselha. No entanto as terapias da época eram totalmente inúteis: sangrias, sudoríferos e purgativos só aceleravam e tornavam mais dolorosa ainda a morte dos doentes. E os braseiros para a fumigação de rosa, canela, benjoim, musgo e raízes de angélica — para purificar o ar infectado, diziam os médicos — apenas perfumavam as cidades, onde se continuava a morrer.

Nos anos de 1546 e 1547, Michel estava empenhado em combater as epidemias de Aix-en-Provence e Lion.

Não é de admirar, portanto, que a peste seja uma das protagonistas das *Profecias*; a palavra *peste*, com suas derivações *pestes, pestíferas, pestilências, pestilento*, aparece 36 vezes (*santé*, "saúde", aparece apenas uma vez em todo o livro das *Parofecias*: X.89).

Talvez cansado de colocar a vida em risco, Michel de Nostredame partiu para Salon-de-Provence, cidade a qual não abandonou mais até sua morte, com exceção de algumas viagens que fez, mas não tanto como fazia na juventude.

Em Salon, casou-se com uma rica viúva que não tinha filhos, Anne Ponsard, e comprou uma grande casa que existe ainda hoje e hospeda um modesto museu dedicado ao mago.

Nos anos de 1548 e 1549, o inquieto médico fez uma viagem para a Itália setentrional que o levou até Veneza, passando por Savona, talvez Turim e Milão.

Ao retornar dessa viagem, Michel de Nostredame se transformou em Nostradamus, um autor de almanaques com previsões mensais que iria escrever e publicar artigos até sua morte. O sucesso veio rápido, auxiliado justamente pelo próprio Nostradamus, que sempre foi um habilidoso administrador e divulgador de si mesmo. Em julho de 1555, Nostradamus recebeu um convite para comparecer à corte; para receber esse prestigioso reconhecimento, ele usara um artifício simples, mas infalível: no almanaque do ano de 1555, escrevera que um perigo terrível estava destinado ao rei Henrique II, porém ele não ousava descrevê-lo (DUPÈBE, 1983, 30).

Nostradamus abandonou quase totalmente as artes médicas e passou a se ocupar exclusivamente da arte de prever o futuro, criando uma volumosa e extensa rede de clientes — não apenas na França — que pagavam abundantemente as cartas, obscuras ou distorcidas, com que o mago respondia aos pedidos; ou os horóscopos que, como veremos, eram mal calculados.

O único incidente que ocorreu na tranquila vida que ele levava em Salon ocorreu em abril de 1561, quando Nostradamus teve de fugir da cidade porque cerca de quinhentos camponeses católicos enfurecidos estavam à caça dos luteranos, entre os quais caía a suspeita também no vidente. Em 1564, a rainha madre Catarina de Médici, com seu filho Carlos IX, de 14 anos, o duque de Anjou (futuro rei Henrique III), o duque de Alençon e o primo Henrique de Navarra (futuro rei Henrique IV), fez uma viagem pelo reino com o objetivo de fortalecer a autoridade monárquica, enfraquecida pelas lutas religiosas violentas que se deram entre católicos e huguenotes.

Em 17 de outubro, a corte fez uma parada em Salon e visitou o velho vidente. Em 2 de julho de 1566, Nostradamus morreu. Para os que nele creem, era claro que Nostradamus havia previsto exatamente a data de sua morte. No entanto, não foi o que aconteceu: a profecia que, segundo eles, Nostradamus havia dedicado à própria morte é uma sextina relativa ao mês de novembro de 1567, estampada no almanaque publicado após a sua morte: o mago havia morrido dezesseis meses antes.

De seu testamento apreende-se que Nostradamus era muito rico; quando morreu, dispunha de 3.444 escudos de ouro e 10 soldos; para compreender o valor dessa soma basta saber que, em 1555, justo o ano da primeira edição das *Profecias*, o salário anual de um professor em Rouen era algo em torno de 14 escudos (D'AVENEL, 1898, 1). Isso sem contar os bens imóveis, os créditos a receber e os objetos preciosos acumulados pelo mago.

Entretanto, toda essa riqueza não nos surpreende. Nostradamus era muito ganancioso. Por exemplo, ele se lamentou da pequena soma que recebeu da corte em 1555, apenas (!) 200 escudos; e pelos horóscopos dos filhos de Maximiliano II de Augsburgo ele esperava receber uma recompensa extraordinária, digna dos filhos do imperador (DUPÈBE, 1983, 154). Sendo assim, em todas as épocas, quem vende maravilhas busca receber recompensas igualmente maravilhosas...

Mais de três séculos de lendas e falsidade envolveram Nostradamus em uma névoa opaca que esconde sua natureza humana para transformá-lo numa espécie de semideus ou super-homem.

Ainda hoje se sabe, por exemplo, que Nostradamus teria previsto com abundância de detalhes a morte de Henrique II, rei da França, num torneio de cavalaria que ocorreu em 1º de julho de 1559. Na verdade, na época, ninguém percebeu a pretensa verificação da profecia, e foi só no final do século XVI que o filho César descobriu e divulgou a quadra profética na qual pretendia ver antecipado o fato (BRIND'AMOUR, 1993, 267). Ademais, bastaria um pouco de bom senso para concluir que Nostradamus na realidade não sabia quando o soberano iria morrer; o vidente escreveu uma carta a Henrique II que constitui o prefácio da última edição de suas *Profecias*, como pode se observar com mais precisão em seguida. E, no entanto, Nostradamus data a carta endereçada ao rei de 27 de junho de 1558; nela, ele elenca uma extensa lista de eventos importantes, dramáticos, mas que, no fim, eram todos gloriosos. Ele teria feito isso se soubesse que o soberano morreria 378 dias depois de ter assinado aquela carta plena de lindas promessas? E, se previra a morte atroz do rei, por que não o advertiu de forma clara?

Os pseudointérpretes do vidente provençal continuam a afirmar, há séculos, a infalibilidade de Nostradamus. No entanto, basta examinar sua obra, como se faria com qualquer outra obra de sua época, para descobrir os erros, nem sempre de boa-fé, dos devotos do mago que qualifico como "nostradamianos". Basta verificar suas declarações categóricas para descobrir o quanto são questionáveis.

Via de regra, a busca obstinada por profecias confirmadas leva a resultados pouco plausíveis. Eis apenas um exemplo, entre os inúmeros possíveis (a profecia III.44):

Quando o animal doméstico amigo do homem
depois de grande dificuldade e pulos irá falar,
o raio com a vara será tão maléfico,
tirado da terra e suspenso no ar.
(NOSTRADAMUS, 1984, 96)[3].

Segundo um nostradamiano francês de sucesso, a quadra prediz o retorno de Napoleão da ilha de Elba e a traição de Maria Luísa (DE FONTBRUNE, 1983, 230). A meu ver, essa interpretação é um bom exemplo de prosa dadaísta. No entanto, interpretando da forma mais direta possível, ou melhor, mais leal, e sem a preocupação de precisar encontrar a todo custo um evento profetizado, esses versos são extraordinariamente transparentes: o animal doméstico amigo do homem é, por excelência, o cão; "cão" é também um dos elementos fundamentais das armas de fogo, cuja invenção remonta à primeira metade do século XVI. Nostradamus declara que isso irá "falar", isso é, irá explodir e detonar, com dificuldade e pulos: a dificuldade é necessária para acionar o mecanismo de disparo da mola, o salto é o arremesso do cão que golpeia a pederneira, cujas faíscas acendem no gabinete a carga da pólvora negra. O "raio" é o clarão da explosão; a "vara" (não a virgem, Nostradamus faz um jogo aqui e despista) é a varinha com que se soca a pólvora no cano; essa é tomada da terra porque um dos seus componentes é o nitrato de potássio, o salitre, *sal petrae*, "sal da pedra", da terra. O raio "suspenso no ar" é evidentemente o tiro disparado, e é chamado de "maléfico" porque mata (PARKER, 1923, 156). Se examinarmos atentamente, veremos que a quadra revela ser não uma imagem do futuro, mas a descrição fantasiosa e um tanto enigmática de um objeto de invenção recente mas muito usual nos exércitos europeus da época (de 1550): a arma de fogo portátil, como o fuzil e a pistola. Leonardo da Vinci também se divertia escrevendo profecias fantasiosas que eram, na verdade, adivinhas.

---

3. "Quand l'animal à l'homme domestique, / apres grands peines et sauts viendra parler, / la foudre à vierge [verge] sera si malefique, / de terre prinse et suspendue en l'air."

Muitas outras quadras não são antecipações fulgurantes do futuro, mas lembranças de eventos passados. Um exemplo especialmente claro pode ser encontrado em X.49:

Jardim do mundo junto da cidade nova,
dentro da chaminé de montanhas ocas:
será agarrado e aprofundado na cisterna,
tomando pela força águas (de) enxofre venenosas.
(NOSTRADAMUS, 1969b, 211)[4].

O "jardim do mundo" é a exuberante terra de Campânia, e "cidade nova" é o nome grego de Nápoles: *Nea Polis*. No século XVI, acreditava-se que os vulcões eram montanhas ocas dentro das quais chaminés vertiam a lava e o enxofre que prorrompiam envenenando as águas para onde fluíam. No mês de setembro de 1538 houve imponentes irrupções nos campos Flégreos, perto de Nápoles. Formou-se um vulcão, o Monte Novo, hoje em fase de extinção. O evento foi tão extraordinário que diversos literatos escreveram sobre o fato, e seguramente Nostradamus teve notícia disso.

Este ensaio se propõe a descobrir o verdadeiro *Nostradamus* e conhecer seu verdadeiro pensamento.

Para isso, considero o mago de Salon um entre muitos outros homens de sua época; essa operação é suficiente (óbvia, mas não para o caso de Nostradamus...) para lançar nova luz sobre a figura de um intelectual renascentista que há muito tempo tem sido monopólio de intérpretes desvairados que só tinham a intenção de mostrar que Nostradamus jamais se enganava: aos nostradamianos, precisamente.

Contudo, ao contrário disso, Nostradamus apresenta muitos aspectos obscuros surpreendentes, inclusive verdadeiras ambiguidades: ele declarava ser um católico intransigente, mas nas cartas aos clientes protestantes se alinhava com os reformados e falava com desprezo dos papistas.

Não almejo que esta obra seja apenas uma contribuição para o conhecimento de um hermético renascentista, mas que seja interessante

---

4. "Iardin du monde aupres de cité neufve, / dans le chemin des montaignes cavees: / sera saisi & plongé dans la Cuve, / beuvant par force eaux soulphre envenimees."

também para melhor compreendermos a relação entre a profecia e a sociedade de nossa época. Mais adiante, veremos que Nostradamus foi usado como arma psicológica durante a Segunda Guerra Mundial.

Hoje, os profundos medos coletivos são gerados pela crise econômica mundial, pelo esfacelamento do modelo bipolar planetário e pelo terrorismo integralista islâmico. E os nostradamianos se adaptaram: encontram agora nas profecias de seu ídolo aquilo que antes ignoravam, como o ataque às Torres Gêmeas, os massacres terroristas, a depressão financeira, as migrações de massa. No entanto, há poucas décadas, os nostradamianos estavam absolutamente certos de que o mago só falava da Guerra Fria. E, antes disso, o futuro predito por Nostradamus estava eivado de ingredientes da história do momento, segundo o evidente fenômeno pelo qual o futuro previsto é a projeção do material psíquico do vidente e das preocupações e das esperanças coletivas do período histórico em que são expressas.

É significativo que as mesmas quadras tenham sofrido interpretações tão distintas com o passar dos tempos.

É humano procurar uma resposta irracional nos momentos mais agudos e difíceis, mas isso não representa uma solução; é apenas a renúncia de procurar uma solução autêntica para os problemas.

Nostradamus não pode nos auxiliar.

Advertência

As *Profecias* de Nostradamus são divididas em dez centúrias, cada uma das quais, menos a sétima, é composta de cem quadras de versos decassílabos com rima alternada.

As quadras de Nostradamus são citadas aqui do modo usual: o número romano indica a centúria, e o número arábico, a quadra; assim, por exemplo, VI.70 indica a septuagésima quadra da sexta centúria.

Neste ensaio, examino apenas as *Profecias*, não abordo as previsões que Nostradamus escreveu para seus almanaques. Essa escolha se respalda no fato de que *As profecias*, como afirma o próprio autor, formam um conjunto completo e realizado de forma autônoma. Os nostradamianos se referem de modo indiferente também aos almanaques, mas apenas para dispor de maior volume de material para manipular. Os almanaques, ao contrário, são obras que o mago publicava para revelar — assim acreditava — o futuro de um determinado ano. Assim como para um determinado ano ele previa eclipses, lunações, manifestações astrológicas como conjunções, oposições, sextis etc. Os almanaques se referem a uma época bem específica e circunscrita. As *Profecias* se apresentam como uma viagem no futuro remoto.

Onde não se indica explicitamente outro procedimento todas as traduções feitas do latim, do francês e dos textos de Nostradamus são minhas.

1. A máquina do tempo futuro – Nostradamus e a técnica oracular

Ciência nobilíssima e utilíssima

O homem sábio, que tem conhecimento da natureza, que compreende as forças peculiares do céu e das estrelas, que sabe quais são as influências astrais e como agem, quando descobre de quais estrelas, de que região celeste e de que modo os benefícios estão em via de prorromper, se não quiser cair, abrirá o caminho para sua chegada, e, quando aqueles bens tiverem chegado, irá consolidar sua posse. [...] O conhecimento seguro das coisas celestes e a previsão do futuro têm muita influência em nossa natureza, que instintivamente foge do mal e procura o bem; como a medicina busca a saúde e a agricultura produz os alimentos, assim a astrologia busca e proporciona essa utilidade àqueles que a estudam (PONTANUS, 1520, 18).

Assim escrevia Giovanni Pontano, literato e apaixonado pesquisador de astrologia, em seu comentário ao *Centiloquium* do pseudo-Ptolomeu.

Aquilo que o humanista da Úmbria descreve de forma tão clara em poucas palavras é o aspecto fundamental da astrologia: uma técnica de observação e de cálculo astronômico que permite o conhecimento do devir, visto que os eventos futuros são plasmados pelas potências cósmicas (*coeli stellarumque proprias vires*, escreve Pontano) e visto que a astronomia permite a previsão precisa dos movimentos planetários e estelares, será possível prever quais consequências esses terão sobre a vida terrena.

Seria possível e também adequado, segundo Pontano, que o homem sábio, quando tivesse descoberto quais influxos estão para projetar-se sobre o mundo, atuasse para agilizar as condições astrais favoráveis ou para contrastar os influxos nocivos (hoje, uma nomenclatura grosseira e pretensiosa fala de "positividade" e "negatividade").

Gerolamo Cardano elogia a astrologia nesses mesmos termos: compreensão e descrição matemática do Universo, mas também conhecimento antecipado dos efeitos do cosmos sobre a vida terrestre. Em sua carta dedicada ao bispo John Hamilton, da obra *In Cl. Ptolemaei de astrorum iudiciis*, escreve Cardano:

> Nenhuma coisa, excelso bispo, é tão tipicamente humana e prazerosa quanto descobrir e saber as coisas que a natureza esconde em seus arcanos. Nada é tão excelente e magnífico quanto compreender e contemplar a maior obra de Deus. Visto que a astrologia compreende essas duas coisas, seja a maior obra divina que é a máquina celeste, seja o conhecimento arcano dos eventos futuros, com razão, essa ciência é honrada por todos os sábios como a mais excelente (CARDANUS, 1578, 6).

Continua Cardano: "A astrologia é a mais nobre das ciências, visto não apenas tratar das coisas celestes, como também dos eventos futuros, portanto é uma ciência não só divina, como também utilíssima" (CARDANUS, 1663, 29).

O próprio Giuseppe Moleti, no *Efemeridi per anni XVIII. Le quali cominciano dall'anno 1580*, escreve de forma ainda mais didática sobre as duas partes da astrologia: "uma das quais trata do movimento dos céus"; "a outra parte trata depois dos efeitos ocasionados pelos céus de ano a ano, de mês a mês, e de dia a dia, nesse mundo inferior" (MOLETI, 1563, 4).

Também Moleti, como todos os demais astrólogos da época, excluía um rigoroso determinismo astral: "Os céus não têm nenhum domínio sobre as nossas ações livres" (ibid.). Essa posição era inevitável para salvaguardar a concepção do livre-arbítrio e a salvação da alma.

Era a mesma concepção renascentista do Universo que justificava a astrologia:

No neoplatonismo e nas tradições cristãs estava implícita a crença na unidade da natureza, uma unidade que compreendia Deus e os anjos, de um lado, o homem e o mundo terreno, de outro. Junto a essa crença continuava subsistindo a crença na verdade da relação macrocosmo-microcosmo, a crença de que o homem houvesse sido criado à imagem do grande mundo e que entre o homem e o macrocosmo houvesse relações reais (DEBUS, 1982, 23).

O universo renascentista era um imenso organismo vivo e sensível, perpassado e animado por influxos invisíveis, mas determináveis, no qual tudo estava em relação com o homem: das estrelas às árvores, passando pelas pedras. Os astros, por sua potência celestial superior, plasmavam a vida dos homens mais do que qualquer outro elemento no cosmo. A *vitalidade* dos astros estava em seu *movimento*, e, visto que esses movimentos eram previsíveis, era possível conhecer antecipadamente as ações que as estrelas e os planetas teriam exercido sobre a humanidade.

O furor profético

Contudo, a filosofia oculta do século XVI elaborara outra modalidade de conhecimento do futuro: a vaticinação, ou furor profético. E, para conhecer esse tema, fundamental em Nostradamus, vamos seguir o que nos aponta Enrico Cornelio Agrippa, que se pode definir como o maior teórico renascentista da magia, autor de *De oculta filosofia* (1553), uma suma esotérica na qual ele coletou e organizou todo o saber oculto de seu tempo[1].

Assim, Cornelio Agrippa declarara que

a vaticinação é o movimento que motiva o sacerdote ou outra pessoa a descobrir as causas das coisas, inclusive dos eventos futuros, e isso quando as divindades ou os demônios fazem baixar nele os oráculos ou lhe enviam alguns espíritos (CORNELIO AGRIPPA, 1972, 301).

---

1. Uma ótima introdução a Enrico Cornelio Agrippa é a importante entrada na *Stanford Encyclopedia of Philosophy*, disponível em http://plato.stanford.edu/entries/agrippanettesheim/#SecLit, acesso em: fev. 2018. Cf. também Compagni, Perrone (2001; 2005) e Nauert (1965).

O furor é uma iluminação do espírito humano (*illustratio animae*) que provém de potências externas superiores, as quais Agrippa não hesitava em qualificar como deuses ou demônios, mas que provavelmente ele relacionava às virtudes particulares de agentes astrais ou naturais. Ele elencava quatro tipos de furor divino, sendo provenientes das musas, de Dionísio, de Apolo e de Vênus. O furor produzido pelas musas lança as coisas superiores contra as inferiores. As musas são as almas das esferas celestes, segundo as quais se encontra cada grau em que se cumpre a atração das coisas superiores para com as inferiores. O mais baixo desses graus, que representa a esfera da Lua, governa o que deriva do mundo vegetal, como as árvores, as frutas, as raízes; e as coisas provenientes dos materiais mais duros, pedras e metais, com suas ligas e suspensões (id., 302).

O segundo grau está submisso ao céu de Mercúrio e governa "animais e misturas de diversas coisas naturais, alimentos e bebidas". O terceiro grau corresponde à esfera de Vênus ("governa as poeiras intangíveis, os vapores, os odores e os unguentos e perfumes que derivam dali"); o quarto é relativo à esfera do Sol ("governa a voz, as palavras, os cantos e os sons harmônicos"); o quinto é propriedade da esfera de Marte ("os movimentos mais violentos do espírito"); o sexto grau é regido por Júpiter ("os raciocínios, as deliberações, as consultas e absolvições morais"); o sétimo está ligado a Saturno (governa "as inteligências mais serenas e as contemplações tranquilas da mente"); o oitavo representa o céu estrelado ("diz respeito à situação, ao movimento, aos raios e à luz dos corpos celestes"); o nono corresponde ao princípio móvel, "mantém as coisas mais formais, como os números, as figuras, os caracteres, referindo-se às influências ocultas das inteligências celestes e aos outros mistérios" (ibid., 302-304).

O furor proveniente de Dionísio proporciona a visão por meio de "exorcismos, sacramentos, solenidades, cerimônias, consagrações" (ibid., 304).

O terceiro tipo de furor provém de Apolo ou da mente do mundo e, por intermédio de "adorações, invocações, com certos artifícios sagrados e composições arcanas, onde as divindades derramaram a virtude de seu espírito, impinge o ânimo a ascender para a mente conjugando-o com as divindades e os demônios" (ibid., 305).

Esse tipo de *furor* é objeto de magia cerimonial; um conjunto de ações e palavras que leva à iluminação espiritual transcendente, tão intensa e profunda que se torna *visível*: "É muito comum que os profetas incendiados pelo furor divino sejam tão inflamados de luz que reverberem sua luz naqueles que lhes estão próximos" (ibid., 306).

Mantenhamos na memória esse esplendor divino que é o sinal deslumbrante da profecia; vamos encontrá-lo em Nostradamus.

O furor apolíneo proporcionado por práticas oportunas; é claro que nem todos são dignos e capazes de ser elevados a realidades sublimes, que transcendem tempo e espaço, e de ser aptos a participar do conhecimento infinito da divindade. Mas quem purifica seu ânimo para se tornar um receptáculo nobre do espírito divino pode agir a fim de canalizar para si o poder divino.

Agrippa declarara que

> lemos do rabino Ismael, no livro dos senadores, capítulo de Eleazar, que ele preparava certos bolinhos, e que eram consagrados com inscrições de nomes divinos e angélicos especiais, e, engolidos com fé, esperança e caridade, conquistavam o espírito profético de sabedoria (ibid., 305).

O último tipo de furor é o que deriva de Vênus "e converte e transforma o espírito humano na divindade, com o ardor do amor, tornando-o realmente semelhante a Deus" (ibid., 308).

Nos capítulos posteriores, Cornelio Agrippa expunha os outros modos pelos quais era possível conhecer o futuro: visões de epiléticos, desmaiados e agonizantes; sonhos proféticos; sinais premonitórios e presságios (ibid., 309-316).

Mas retornemos à magia cerimonial apolínea, porque — como antecipamos — é a praticada por Nostradamus para alcançar um conhecimento perfeito, mais que humano, de modo a lhe revelar os arcanos da natureza e o futuro mais remoto.

As primeiras duas quadras da primeira centúria das *Profecias* são uma espécie de *"ouverture* teórica" [abertura teórica], por meio da qual Nostradamus apresenta breves e elípticas indicações sobre sua prática:

ele diz — ou melhor, acena, sugere — como brota o rio das profecias. Não é tanto uma observação técnica (Nostradamus não revela nada sobre seu procedimento de elaboração das profecias), é, antes, a representação de uma cena na qual o vidente é o protagonista, junto ao evento extraordinário que soube suscitar.

> Estando à noite no recolhimento secreto,
> sozinho, sentado sobre o tripé de bronze
> chama exígua que salta da solidão
> faz proferir o que não é vão se acreditar.
>
> A vara em mãos em meio aos Branquides,
> a franja [da veste] e os pés banhados pela onda.
> Medo e vozes vibram ao longo das mangas,
> esplendor divino. O divino senta-se ali junto
> (NOSTRADAMUS, 1984, 45)[2].

As duas quadras, respectivamente I.1 e I.2, estão eivadas de citações de Agrippa. A passagem do *De oculta filosofia* de onde Nostradamus sorve é a parte do capítulo 48 do livro III na qual Cornelio Agrippa — citando a seu modo a Jâmblico — fala dos sacerdotes e das sibilas que agiam em determinadas cavernas, em algumas fontes e lagos:

> A Sibila recebia em Delfos de dois modos: por intermédio de um tênue espírito e um fogo [em Nostradamus, "chama exígua"] que se desprendia da boca do antro, ou seja, permanecendo no santuário sentada sobre um tripé de bronze [em Nostradamus, "tripé de bronze", *la selle d'aerain*, um termo francês, *selle*, que é praticamente idêntico ao termo latino do original de Agrippa *sella*] [...]. Havia também a sacerdotisa fatídica sentada sobre um monte de verdura, ou munida de uma sagrada vara [em Nostradamus, "a vara em mãos"] ou então banhando os pés nas ondas sagradas ou a franja da veste [em Nostradamus, "a franja e o pé banhados pela onda"], ou a retirar das águas o espírito do fogo. Tudo isso servia para enchê-la de esplendor divino [em Nostradamus, "esplendor divino"] e excitá-la para os oráculos (CORNELIO AGRIPPA, 1972, 305-307).

---

2. I.1: "Estant assis de nuit secret estude, / seul repousé sus la selle d'aerain, / flambe exigue sortant de solitude, / fait proferer qui n'est à croire vain"; I.2: "La verge en main au milieu de BRANCHES / de l'onde il moulle & le limbe & le pied. / Un peur & voix fremissènt par les manches, / splendeur divine. Le divin prés s'assied".

Branches (no original todo escrito com letras maiúsculas) faz referência a Branchus, um personagem da mitologia grega, rapaz amado por Apolo que recebeu o dom da profecia; "branquides" eram seus supostos descendentes, uma família sacerdotal consagrada ao oráculo de Apolo em Dídimos, próximo a Mileto, na Ásia Menor.

Observe que nessas duas quadras do proêmio não há nenhum aceno à astrologia, mas apenas uma referência forte à magia cerimonial apolínea, ou solar. Só isso já seria suficiente para permitir-nos compreender que Nostradamus não é um astrólogo, ou pelo menos não é um astrólogo convencional.

A primeira edição de as *Profecias* começa com a *Carta a César Nostradamus*, que era o filho primogênito do segundo matrimônio do vidente e não completara ainda dois anos quando o pai escreveu isso. César nascera no dia 18 de dezembro de 1553, em Salon-de-Provence. A carta (em parte abordada por Girolamo Savonarola, cf. cap. 3), confusa e repetitiva, fala sobretudo do modo como surge a profecia. Nostradamus afirma que registrou "tudo quanto a divina essência me deu a conhecer através das revoluções astronômicas", ou seja, por meio do estudo dos movimentos astrais. Mas não se trata de astrologia pura e simples. Nostradamus esclarece que o cálculo sempre vem acompanhado, sustentado, justificado, certificado pela "inspiração divina, na verdade toda a inspiração profética tem seu princípio essencial em Deus criador, depois da hora e da natureza" (NOSTRADAMUS, 1984, 37). "Hora", que estabelece o momento (*quando*) do evento por meio dos cálculos astrológicos, e "natureza", que revela *como* os influxos superiores agem na realidade terrena: influxos provindos de constelações ou planetas de *natureza aquífera*, por exemplo, têm maior força sobre regiões ou cidades ou personalidades que estão sob signos zodíacos de natureza aquífera, e são eventos de natureza aquífera, como chuvas, inundações, aluviões, viagens por mar, naufrágios.

E ainda:

Mas por diversas vezes sendo surpreendido pela inspiração e através de longos cálculos transformando os estudos noturnos de suave odor, compus livros de profecias, cada um dos quais contém cem quadras astrológicas de profecias, que eu quis ir aperfeiçoando de um modo um tanto obscuro, e se trata de vaticinações perpétuas de agora até o ano de 3797 (ibid., 39).

O surpreendente aceno ao perfume "suave" refere-se muito provavelmente a fumigações de ervas mágicas feitas por Nostradamus.

Ora, vamos ressaltar outra importante passagem: Nostradamus declara que a luz divina que infunde o dom da profecia jamais está desconectada da *doctrine des astres*, a "doutrina astrológica". E, mais adiante, reafirma essa concepção, ao reiterar que o conhecimento do futuro é concedido pela inspiração divina e que, no entanto, o homem profetiza também graças ao estudo dos movimentos e das dinâmicas celestes: Nostradamus escreve *par administration Astronomicque*.

Quase no final da carta-introdução ele reafirma o conceito central de todo o texto: a inspiração (recebida por meio da magia cerimonial) e a astrologia (que atribui significados às posições recíprocas dos corpos celestes calculadas racionalmente) estão indissoluvelmente ligadas ao único fluxo de conhecimento do devir: "meus cálculos das revoluções astronômicas estão de acordo com a inspiração revelada" (ibid., 43).

Essa revelação não é um arrebatamento estático incontrolado e de improviso, mas o resultado de um procedimento mágico preciso pelo qual Nostradamus pede e recebe dos espíritos as respostas a suas perguntas; hoje ele seria considerado algo entre a seção espírita, o *transe* lúcido e o *channeling*.

O vidente provençal escreve na *Carta a César* que

às vezes, acontece que Deus, o criador, graças ao serviço de seus mensageiros de fogo, vem oferecer aos nossos sentidos exteriores, e portanto aos nossos olhos, sob a forma de carta de fogo, as causas das predições futuras, as quais servem de sinais do evento futuro que se deve manifestar àquele que profetiza (ibid.).

Na *Carta a Henrique II, rei da França*, datada de 27 de junho de 1558, sobre a qual falaremos mais adiante, Nostradamus define a natureza visual/visionária de suas profecias, recebidas "como que olhando num espelho ardente, como que através de uma visão obnubilada", ao que se acrescentam os meus cálculos noturnos e proféticos compostos pelo instinto natural, mais pela urgência do furor poético que pela regra da poesia, e em sua maior parte composta e acordada com o cálculo astronômico [astrológico], que corresponde aos anos, meses e semanas, relativos a regiões, distritos e para a maior parte das cidades de toda a Europa, e também da África e uma parte da Ásia (NOSTRADAMUS, 1969b, 146).

A profecia de Nostradamus tem duas fontes: "o meu cálculo astronômico e um outro saber" (*mon calcul astronomique et autre sçavoir*). O "outro saber" é a magia, que ele exerce com objetos e rituais dos quais vasa algum indício no decorrer da letra, escrita ademais de modo muito prudente e com forte cunho metafísico. Falando de sua intuição profética e da aquiescência necessária para acolher a iluminação, Nostradamus acrescenta: "o tudo combinado e pressagiado por uma parte através do tripé de bronze" (ibid., 147); a parte a que ele se refere aqui é a magia, a invocação das potências espirituais, aquela que ignora efemérides[3] e cálculos para atingir diretamente a mente do Universo, a alma universal apolínea, para viver — mesmo que apenas pelo breve curso de uma noite de evocações — o eterno presente na mente divina, na qual desvanecem as divisões sensoriais do tempo, e passado, presente e futuro não passam de lampejos de uma mesma luz absoluta.

Ora, sabemos seguramente que Nostradamus elabora seu corpo profético "graças à doutrina astrológica e segundo meu instinto natural, inato" (*par doctrine astronomique et selon mon naturel instinct*), como escreve na *Carta a Henrique II* (NOSTRADAMUS, 1969b, 157). No sábio de Salon convivem perfeitamente rigor de cálculo astrológico e inspiração profética, e ele repete insistentemente esse fato. Mas que relação existe entre esses dois termos? Nostradamus é um vidente que pratica a astrologia ou um astrólogo que se confia à evocação das forças espi-

---

3. As efemérides são tabelas que indicam as posições aparentes dos planetas calculadas por um dado período, usualmente um ano. São calculadas segundo diversas localidades, porque o céu que se vê, por exemplo, em Roma é bem diferente daquele que se vê ao mesmo tempo em Pequim. Ademais, os dados são calculados todos numa hora bem determinada, usualmente com base na 00:00 hora do tempo sideral. Assim, para conhecer a posição exata de um planeta numa hora precisa num certo ponto da Terra, é necessário fazer toda uma equação, coisa que Nostradamus não fazia.

rituais? Como ele usa a astrologia? E a magia cerimonial, nele, é menos determinante do que a *supputation astronomique*?

Nostradamus, um astrólogo incapaz

Apesar de elogiar calorosamente a astrologia e definir a si mesmo como *astrophile* (termo que na primeira metade do século XVI significava "astrólogo", ou melhor, "defensor da astrologia"), Nostradamus era um péssimo conhecedor da técnica dos horóscopos. Seus críticos, esses, sim, astrólogos hábeis, revelaram de pronto os erros colossais e as incongruências de seus prognósticos. Em 1558, surgiu um livro de autoria de Laurent Videl, um médico e astrólogo profissional, com um título que era uma verdadeira declaração de guerra: *Déclaration des abus ignorances et séditions de Michel Nostradamus de Salon de Craux en Provence oeuvre très utile & profitable à un chacun*. No opúsculo, com uma linguagem bastante violenta, que nos dias atuais desencadearia uma série de denúncias, Videl se dirige diretamente a Nostradamus acusando-o de ser um ignorante: "és incapaz de calcular o mínimo movimento de qualquer estrela", "não sabes usar tuas efemérides"; os temas do provençal eram tomados quase sempre de efemérides calculadas "no meridiano de Veneza, que é muito diferente do nosso, que tu não sabes interpolar e eu não tenho a mínima intenção de te ensinar, visto que para te fazer compreender seria preciso partir do a, b, c, ou seja, dos princípios da astrologia que jamais compreendeste". "Se eu quisesse elencar todos os erros, abusos e bestialidades que escreveste em tuas obras nos últimos quatro ou cinco anos, seria preciso escrever um livro extenso." "Pobre tolo ignorante" (*pouvre sot ignorant*), "ignorante tapado" (*ignare ebeté*), "grande asno" (*gros asne*), dizia-lhe Videl, "seria melhor que jamais te imiscuísses a falar de astrologia [...], ciência da qual estás totalmente privado e ignorante" (VIDEL, 1558, 7-8).

Videl destruiu Nostradamus como especialista em astrologia, visto que este cometia erros grosseiros: construía seus horóscopos empregando várias efemérides cujos temas não correspondiam ao tempo nem ao lugar. Para explicar melhor, suponhamos que um rico comerciante pedisse a Nostradamus o mapa astral — e as relativas predições — de seu nascimento, que se dera às 3 horas da tarde em Avignon no dia 6 de março de 1510. Nostradamus consultaria as tabelas astronômicas para aquela data, mas o então cliente receberia depois um horóscopo que colocaria como hora do evento as 12h (três horas antes do nascimento do cliente), e válido para o meridiano da cidade para a qual as efemérides foram calculadas: Veneza, ou Paris, ou Augusta, mas não Avignon...

Do ponto de vista da previsão efetiva, hoje podemos dizer com tranquilidade que um horóscopo equivalia ao outro, mas para quem pagava com moedas de ouro ou com taças de prata o mapa astrológico feito pelo grande *maistre* Michel de Nostredame, não constituía uma agradável surpresa descobrir que o mapa do céu que lhe era entregue, via de regra depois de uma longa espera, não tinha nada a ver com o seu nascimento.

Também o filósofo, astrônomo e matemático Pierre Gassendi examinou os mapas astrológicos de Nostradamus. Gassendi, antiaristotélico cético e empirista, não acreditava em astrologia, e se ocupou do vidente provincial no quinto capítulo de seu livro *De siderum effectibus*, que trazia como subtítulo *Sobre a vaidade dos astrólogos que buscam pretextos para confirmar e defender suas afirmações*.

Gassendi declarou, portanto, que considerava que Nostradamus não era dotado do dom das profecias, como este afirmava sobre si mesmo, e que nem sequer era assistido por um mensageiro divino; pois, se fosse assim, ele não teria emitido respostas falsas. Com essas comprovações, se perguntava Gassendi, o que mais restava das mirabolantes previsões de Nostradamus?

> Um dia, em Salon, em companhia do excelente François Bochart de Champigny, alto funcionário jurídico e procurador-geral da Provença, fiz uma visita a Jean Baptiste Suffren, juiz daquela cidade. Ele nos mostrou os temas natalinos de seu pai, Antoine, acompanhado dos juízos escritos por Nostradamus de próprio punho. Foi um grande prazer questionar o filho a respeito de seu pai, que ele conhecia muito bem porque era adolescente quando esse falecera (GASSENDI, 1727, 650).

Apesar de não acreditar na astrologia, Gassendi conhecia suas teorias, então, ele observou que não vêm registrados os graus dos signos do zodíaco nos temas, mas esses aparecem sozinhos e apenas repartidos nas casas ao estilo dos caldeus, começando por Áries, que corresponde ao ascendente; ademais, não há nenhum aceno dos cinco planetas, mas apenas do Sol, localizado a 2º36' de aquário, e da Lua, indicada a 6º de touro, sem especificar os minutos (ibid.).

Gassendi também observou que a composição elaborada por Nostradamus tinha muito pouco a ver com astrologia. E, no entanto, apesar de temas referentes à data de nascimento praticamente nulos, o profeta de Salon devolvera ao cliente uma resposta muito rica e detalhada. Mas todas as previsões provaram ser erradas, e Gassendi elencou-as uma por uma a partir daquela que afirmava que Antoine teria a barba comprida e meio encaracolada, embora, na verdade, ele sempre andasse barbeado. Nostradamus lhe assegurou pelo menos 75 anos de vida, mas Antoine morreu aos 54. O astrólogo alertou-o: "sofrerá maquinações por parte dos irmãos e, em seguida, aos 37 anos, será ferido por seus irmãos uterinos" (ibid.); mas Antoine não teve irmãos, nem sequer naturais; assim como a mulher que desposou, diferentemente do que lhe havia predito Nostradamus, não era estrangeira.

> Quando ficar idoso, irá dedicar-se à navegação, à música e aos instrumentos musicais; mas ele jamais teve tal interesse, e jamais navegou, nem como jovem nem como velho (ibid.).

Em sua luta contra as pretensões da astrologia de decifrar o futuro, Gassendi encontrara o caso exemplar de Nostradamus, que servia para demonstrar toda a sua inconsistência.

Também para pedidos vindos de pessoas de altíssimo nível, Nostradamus preparava mapas astrológicos totalmente imprecisos, e é estranho o fato de ele jamais ter se preocupado com a possibilidade de ser desmascarado, como ocorre, muitas vezes, com astrólogos "profissionais". No fundo, Nostradamus estendia os temas astrais de modos tão absurdos que apenas um pouco de esforço era suficiente para desmascarar sua incompetência. No entanto, ele não hesitava em pedir pagamentos consideráveis, e frequentemente se lamentava de não receber o que merecia.

O mapa astrológico elaborado para o príncipe Rodolfo, filho do imperador Maximiliano II de Augsburgo, foi um trabalho imponente, digno do destinatário: 46 capítulos e 28 aforismos. No entanto, mesmo ali, "Nostradamus copiou todas as posições planetárias do *Almanach novum* de Petrus Pitatus sem se dar ao trabalho de fazer nenhuma interpolação" (BRIND'AMOUR, 1993, 123). É útil, então, apresentar aqui um episódio da vida de Nostradamus que mostra muito bem qual era sua relação com os astrólogos "técnicos". Numa carta datada de 29 de julho de 1561, endereçada a senhores nobres não nominados, ele explicava que não atendera a seus inúmeros pedidos porque estivera ocupadíssimo em responder aos pedidos de grandes príncipes. Nostradamus escreveu ainda:

> Esse não foi o motivo principal, porém, mas, sim, o fato de que, quando acolhi vosso emissário, excelente astrólogo e matemático, mesmo antes que ele me saudasse sob o umbral de minha porta, percebi um impedimento em meu íntimo, por causa de sua proximidade. [...] De agora em diante, se precisarem dos meus serviços, não permitirei que esse senhor saiba qualquer coisa do que me pedis (DUPÈBE, 1983, 90).

Essa situação é extraordinariamente idêntica àquelas situações que, depois de aproximadamente três séculos, se tornaram muito frequentes no ambiente espiritualista: o *médium* não consegue produzir seus efeitos prodigiosos (levitações, aparições ultrafáticas, fazer surgir vozes do nada etc.) por causa da presença de um cético. A magia só funciona para quem nela crê; a desconfiança e a dúvida são golpes de vento gelado que apagam a chama do conhecimento superior, que desvela mistérios elevados, mas, ao que parece, não suporta qualquer perplexidade.

Em suas próprias palavras, vemos um Nostradamus plenamente parecido com um médium, um paragnóstico, não um astrólogo, cuja percepção extrassensorial pode ser preciosa para interpretar os horóscopos, mas cuja redação é codificada rigorosamente por regras e cálculos que ele não está em condições de seguir (ou não quer seguir).

Nostradamus ptolomaico

Contudo, Videl não refutava Nostradamus apenas como péssimo astrólogo, mas acusava-o de uma monstruosa presunção, visto que ele ousava definir a si mesmo como "profeta", inspirado pelo espírito divino.

Ou arrogância soberba ou loucura! Não te basta querer fazer-te passar por profeta? Queres ser mais que profeta por inspiração revelada? [...] Mas ainda: afirmando ser profeta, e até mais que profeta, que blasfêmia intolerável! Até os hebreus ficaram gravemente indignados quando lhes foi concedido atribuir-se esses nomes santos, gabando-se de ter recebido o espírito de adivinhação e inspiração profética (VIDEL, 1558, 28).

Videl suspeitava que o pretenso dom de vidente que Nostradamus atribuía a si mesmo não passava de um truque para esconder sua ignorância e apresentá-la, antes, como um dom. Então, Nostradamus teria elaborado mapas astrológicos incorretos, atabalhoados, incompletos, e queria fazê-los aceitar como se fossem exatos e verdadeiros, porque, como ele afirmava, foram redigidos pela iluminação divina, não seguindo as regras da astrologia clássica. No fundo, não teriam sido mapas astrológicos incorretos, mas horóscopos inspirados.

Sendo totalmente ignorante, não conhecendo nenhuma estrela nem nenhum corpo celeste, quer inventar uma nova astrologia, modelada por sua fúria báquica e não linfática, como ele disse, sob a sombra da profecia (ibid.).

Videl advertia o público de que possivelmente Nostradamus fosse um dos falsos profetas anunciados pelo Evangelho: "irão surgir muitos falsos profetas, e enganarão a muitos" (Mt 24,11).

Recentemente, alguns estudiosos se deram à trabalheira de verificar as acusações de Videl e puderam confirmar que os cálculos astrológicos do vidente provençal são praticamente todos gravemente incorretos, isto é, foram construídos arbitrariamente, sem nenhuma precisão astronômica e fazendo mau uso das efemerides.

O pesquisador canadense Pierre Brind'Amour, filólogo da Universidade de Ottawa, no Canadá, talvez o primeiro pesquisador a estudar Nostradamus, investigou a precisão dos temas astrais do célebre provençal.

O resultado é surpreendente. Como denunciara Videl de forma bastante agressiva e como descobrira Gassendi, Nostradamus não segue nenhuma interpolação dos dados que extrai das diversas efemerides: todos os eventos, para Nostradamus, convêm à mesma latitude e à mesma hora (BRIND'AMOUR, s.d.).

Quando Nostradamus, a seu modo, se ocupou de astrologia, lá pela metade do século XVI, a teoria copernicana ainda não tinha sido aceita pelos cientistas, e, assim, a maioria desses cientistas continuava fiel à teoria ptolomaica do Universo.

Georg von Purbach e seu aluno Regiomontanus (Johannes Müller) foram observadores muito perspicazes, mas conceitualmente continuavam ligados às antigas doutrinas.

Girolamo Fracastoro, ciente de que os dados da observação astronômica não correspondiam aos cálculos feitos com base na teoria geocêntrica, buscou melhorá-la, concebendo um complicadíssimo sistema de 77 esferas, submetendo-se a um *tour de force* cerebral e estéril a fim de colocar em acordo Ptolomeu, a Bíblia, a Igreja de Roma e a realidade dos fatos naturais.

Francesco Maurolico, que ademais era um matemático de primeiro grau e um astrônomo valoroso, combateu a teoria de Copérnico, que ele julgava ser perversa, absurda, e cujo autor — dizia ele — mereceria mais o chicote que a refutação.

Outros pesquisadores, ao contrário, abraçaram o heliocentrismo e, assim como Johannes Sadius, construíram suas efemérides com base nesta teoria: Nostradamus usava sem critérios as efemérides ptolomaicas e copernicanas. Brind-Amour, por exemplo, declarou:

> Nostradamus não estipula nenhuma interpolação entre esses autores, isto é, não calcula a redução ao meridiano de Lion ou de Paris; acontece de indicar diversos momentos para um mesmo fenômeno astronômico, por exemplo, um eclipse, pois suas fontes estão adaptadas a meridianos distintos, ou então se baseiam em teorias astronômicas distintas, como no caso de Stadius, que se norteia pela recente teoria de Copérnico (BRIND'AMOUR, s.d.).

E Nostradamus, de que lado estava? Qual "sistema máximo" ele seguia? Era ptolomaico ou copernicano?

Embora sejam muito raros e breves, vamos encontrar acenos de Nostradamus à astronomia, os quais nos revelam que o profeta francês estava perfeitamente alinhado com a maioria de seus contemporâneos, era fiel à teoria geocêntrica codificada por Ptolomeu no século I d.C.

Na *Carta a César*, Nostradamus (1984, 42) falava da *terre stable & ferme, non inclinabitur in saeculum saeculi* ("a terra, estável e firme, está solidamente fixada imóvel no céu"), e a citação do Salmo 103 é uma prova segura de sua adesão ao geocentrismo. Esse mesmo salmo era um dos cavalos de batalha dos defensores da teoria ptolomaica e um dos motivos pelos quais a teoria heliocêntrica era condenada como absurda e lesava a majestade da palavra divina.

Ao redor de nosso mundo, escrevia ainda Nostradamus na *Carta a César*, circula "o firmamento implícito e preso na oitava esfera, a maior em tamanho, onde Deus irá concluir a revolução cósmica" (ibid.); também aqui o astrólogo de Salon segue a tradição astronômica ptolomaica, que coloca as estrelas na oitava esfera, cuja revolução completa se cumpre em 25.765 anos, o ano platônico[4].

O geocentrismo de Nostradamus se manifesta também numa outra passagem na *Carta a César* (ibid., 39), onde indica a Terra com a expressão "debaixo de toda a concavidade da Lua" (*souz tout la concativé de la lune*): Aristóteles e Ptolomeu consideravam que o nosso planeta estava abaixo da esfera lunar, e a "concavidade da Lua" é uma perífrase quase poética para indicar a etérea esfera orbitante da Lua, como teria afirmado qualquer astrólogo medieval.

A técnica personalíssima de Nostradamus

Outro ponto fundamental da técnica astrológica, que Nostradamus seguia, era a prática personalíssima da domificação. Com esse termo se compreende a divisão, segundo critérios muito específicos, do mapa astrológico em doze setores denominados "casas" ou "domicílios", de onde provém a etimologia empregada. A carta astral representa o zodíaco (360°), e nela são indicados os planetas em suas posições aparentes

---

4. É o tempo necessário para que o eixo terrestre complete um giro em torno do polo, produzindo o fenômeno da precessão dos equinócios. Os polos na esfera celeste parecem deslocar-se; a atual estrela polar (*Alfa Ursae Minoris*), dentro de 4 mil anos, será a *Gamma Cephei*, e dentro de 14 mil anos será a *Alfa Lirae*, e assim por diante, até retornar à atual. O mesmo fenômeno acontece no hemisfério austral, obviamente com outras estrelas.

em torno da Terra, que ocupa o centro dessa circunferência. Os planetas exercem diversas influências, conforme o setor em que se encontram[5], e, assim, a domificação representa a base de toda especulação astrológica; mas é claro que a identificação das casas determina todo o mapa astrológico: trocar uma casa por outra significa inverter todo o código da predição astrológica.

No Renascimento, o mapa astral não era circular, como estamos acostumados a ver hoje, mas quadrado, e as doze casas eram representadas por triângulos equiláteros dispostos em três de cada lado.

Identifica-se o ascendente[6], e a partir desse ponto delimitam-se doze casas — cada uma das quais revela o futuro da pessoa. A astrologia medieval, que continua em vigor no Renascimento, apresenta essas divisões: I *Vita* (o curso completo da vida); II *Lucrum* (propriedades, negócios); III *Fratres* (irmãos); IV *Parentes* (pais); V *Filii* (filhos); VI *Valetudo* (saúde e doenças); VII *Nuptiae* (matrimônio); VIII *Mors* (tipo de morte); IX *Peregrinationes* (viagens, inclusive as religiosas); X *Honores* (honras, artes, qualidades); XI *Amici* (amigos e boas obras); XII *Inimici* (inimigos e prisão).

Se, por exemplo, se estava diante de uma guerra, o rei deveria saber em qual das doze casas se encontrava Marte; se estivesse na I, estava em jogo a vida; se na II, os bens; se na III, a sucessão hereditária ou as divindades femininas; se na IV, a cidade e os sepulcros dos pais; se na V, uma mulher ou uma cidade (a casa V se chama na verdade *bona fortuna* ou *Tyche*, e cada cidade antiga tinha a sua *Tyche*, seu gênio vital e o número tutelar); se na X, deuses e leis transgredidas etc. (BOLL; BEZOLD; GUNDEL, 1977, 88).

No entanto os influxos dos planetas nem sempre têm o mesmo poder, mas mudam de acordo com as casas em que se encontra o astro: em algumas, sua força é máxima, em outras, é mínima. E estabelecer isso com precisão é de fundamental importância para o astrólogo.

---

5. Isso, obviamente, segundo a astrologia.
6. O ponto ascendente é o grau do zodíaco que intersecciona a leste o horizonte terrestre no instante do nascimento do indivíduo de quem se quer fazer o mapa natal. Em suma, é a constelação zodiacal que está surgindo quando ocorre o nascimento do indivíduo.

As posições dos planetas entre si são igualmente muito importantes: conjunções, oposições, quadraturas, trígonos são combinações que mesclam, modulam, dosam as forças celestes formando um pentagrama (que é o zodíaco) numa quantidade praticamente infinita de combinações, tão elevada e rica de possíveis resultados que se aproxima realmente de uma variedade inexaurível de possibilidades da vida.

Os fundamentos dessa especulação remontam à astrologia babilônica (id., cap. 1).

Também em relação à domificação, Nostradamus confessa uma astronomia própria muito pessoal. Para os detratores, isso não passava de um expediente para esconder sua ignorância astrológica. Não sabendo fazer cálculos corretos, ou seja, alinhados com as antigas prescrições usuais da arte, o sábio provençal aprendia por si mesmo; não seguia a ninguém, criava uma doutrina particular sua. Além dos métodos empregados pelos astrólogos de sua época, Nostradamus utilizava um sistema próprio, do qual não fornecia nenhuma informação, mas podemos extrair alguma indicação do que ele escreveu em algumas de suas cartas.

Nostradamus mago

Na Biblioteca Nacional da França, em Paris, conserva-se um manuscrito da segunda metade do século XVI denominado BN ms. Lat. 8.592, que compila 51 cartas, traduzidas todas para o latim, 42 endereçadas ao astrólogo e 9 escritas por ele e endereçadas a alguns correspondentes; as cartas abrangem um período de tempo entre 1556 e 1565. Parece ser um trabalho feito para ser publicado, uma vez que o texto, com boa grafia, tem uma disposição clara, apresenta correções e adendos. O manuscrito não é original de Nostradamus, mas provavelmente foi composto sob os cuidados dele. Foi publicado por Jean Dupèbe em 1983.

Trata-se de um epistolário praticamente todo profissional que contém cartas de personagens que se remetem ao vidente de Salon solicitando respostas sobre diversos assuntos: a saúde, os negócios, a profissão a que se deve encaminhar os filhos, a procura de um antigo tesouro enterrado, como tirar o máximo lucro possível de uma mina em Tirol;

mas em geral todos os correspondentes perguntam como será seu futuro próximo.

São cartas de extremo interesse porque nos permitem lançar um olhar para dentro da *oficina* de Nostradamus que explica — aos correspondentes a quem confia e com os quais se preocupa — como efetivamente ele trabalha.

De algumas cartas que acompanham o envio de temas natalícios podemos apreender que Nostradamus seguia (ou dizia seguir) três tipos de cálculo astrológico: "segundo os indianos, segundo os babilônicos e o meu pessoal" (DUPÈBE, 1983, 94).

Ele se refere a essa tríplice modalidade nas cartas enviadas a Hans Rosenberg, um rico comerciante de Fieberbrunn, no Tirol austríaco (9 de setembro e 15 de outubro de 1561), e ao estudante de direito alemão Lorenz Tubbe, que morava em Bourges (13 de maio de 1562).

Até Ptolomeu, conheciam-se duas doutrinas astrológicas básicas: a egípcia e a caldeia. A primeira baseava-se nas correspondências geométricas, nas simetrias e nas dissonâncias dentro do zodíaco. A escola babilônica fundava-se no cálculo das passagens dos planetas, em seus movimentos recíprocos (os trígonos) e nos eclipses. A primeira era uma astrologia espacial, a segunda, temporal. Se é relativamente fácil identificar o modo babilônico sobre o qual escreve Nostradamus com o caldeu, fica difícil, por outro lado, entender o que ele compreendia com o método indiano.

A hipótese seria que ele estava se referindo ao método egípcio; talvez, novamente, ele quisesse distinguir-se, mostrando aos seus correspondentes, que o pagavam bem, que ele era um astrólogo excepcional, depositário de uma sabedoria exclusiva. Poderia também ser um outro estratagema para não se ver exposto à crítica demolidora dos outros astrólogos: quem é que poderia adivinhar que ele estaria aplicando mal uma teoria que ninguém conhecia?

Contudo, ainda mais interessante é a declaração que Nostradamus fazia a todo momento; ele estava praticando um método pessoal seu, único, que definia como se fosse "dos meus antepassados, *meorum avorum* [meus avós]" (ibid.). Assim, Nostradamus não se apresentava ao público apenas como depositário de uma sabedoria esotérica, mas também como descendente de uma estirpe de iniciados.

39

Dos antepassados, acreditava ele, teria recebido o dom da profecia, que teria se dispersado com sua morte; por isso, confiou à palavra escrita suas visões de futuro: "Visto que é possível deixar-te por escrito", escreveu ao filho César na *Carta* com a qual abriu a primeira edição de as *Profecias*, "o que de outro modo seria esquecido pelas mazelas do tempo, pois a palavra hereditária da predição oculta ficará presa dentro do meu corpo [literalmente, dentro de meu estômago]" (NOSTRADAMUS, 1984, 32).

E, na *Carta a Henrique II*, escreveu sobre o "instinto natural que me foi dado pelos meus antepassados" e sobre "a motivação de ânimo de meus antigos progenitores" (NOSTRADAMUS, 1969b, 147, 149).

Também entre os meus contemporâneos era evidente a pretensão de Nostradamus de ser descendente de uma geração de profetas por vontade divina: o médico e literato Giulio Cesare Scaligero, a princípio, amigo, depois, detrator de Nostradamus, escreveu esses versos epigramáticos[7] sobre ele: "Por que Nostradamus afirma ser profeta? Porque se declara descendente da estirpe dos profetas de Benjamim" (SCALIGERO, 1600, 186).

Em uma das cartas enviadas a François Bérard, Michel de Nostredame explicou com clareza surpreendente como procedia para obter de forma mágica as inúmeras respostas aos pedidos de seus inúmeros clientes.

Bérard, nascido em 1528, era advogado fiscal da união pontifícia de Avignon; era também um apaixonado alquimista, por isso interrogou Nostradamus: queria que ele lhe mostrasse seu futuro, pedia-lhe informações sobre um anel (mágico?) perdido, pedia-lhe informações sobre como obter o *elicium* (talvez se tratasse de platina) e o ouro, por trans-

---

7. Giulio Cesare Scaligero, por volta de 1533, hospedou, por cerca de um ano, Nostradamus em sua casa em Agen, na Aquitânia, para onde se deslocou em 1524 seguindo o bispo Della Rovere. Segundo os biógrafos antigos de Nostradamus, Scaligero acabou criando inveja da celebridade de seu hóspede e as relações entre os dois ficaram ruins até que Giulio Cesare começou a escrever epigramas agressivos contra o velho amigo, chamando-o de "charlatão imundo". Mas essa história não é tão verídica: a fama de Nostradamus só começou depois da publicação dos almanaques e das profecias, portanto não antes de 1550. E os epigramas de Scaligero jamais foram publicados nem enquanto ele estava vivo, nem durante a vida de Nostradamus (BRUZZO; FANIZZA, 1999, 241-246).

mutação metálica, e como liquefazer a pirita. Como se pode ver bem, perguntas decididamente técnicas.

Nostradamus lhe respondeu em 27 de agosto de 1562; o que escreveu ao amigo alquimista é uma sequência incompreensível de versos latinos que acabaram se tornando totalmente inúteis ao pobre Bérard. Porém o que é de extremo interesse para nós é a parte da carta na qual, talvez para justificar a grande demora da resposta e o grande pagamento que exigia, Nostradamus contava detalhadamente o que fizera para obter aquela resposta, tanto de um modo intrincado quanto prolixo.

Nostradamus descreveu o que fizera "durante nove noites contínuas, desde a meia-noite até as quatro horas da manhã, sentado, com as têmporas coroadas de louros e portando um anel com uma pedra azul" (DUPÈBE, 1983, 140).

Sentado no tripé de bronze, como a antiga Sibila, Nostradamus invocou "o bom gênio", e, "tendo tomado uma pena de cisne, o gênio, porém, refutou por três vezes a pena de ganso — no seu ditado, como que golpeado por um furor poético, prorrompeu em tais versos" (ibid.).

Seguem-se no curso da carta dezesseis versos latinos cujo significado é muito obscuro. A única característica certa é que formam um acróstico: *Francisco Berardo*, ou seja, *a François Bérard*, em latim (no dativo).

Nostradamus nos permite assistir aqui a uma sessão mágica apolínea: o louro com que se coroa a cabeça é uma árvore solar, assim como ao Sol é consagrado o cisne; é por isso que o gênio não permitiu que uma pena de ganso (ganso, animal lunar) escrevesse os versos que ele ditava ao mago numa inspiração frenética.

Na carta, seguem-se duas outras composições em versos; estes não são menos nebulosos do que o primeiro, ainda que se explique a Bérard como produzir alquimicamente o *elicium* e o ouro e revelar qual será seu futuro. Ora, nesses casos, o vidente escritor criou alguns acrósticos: *Nostradamus e Michail Nostradamus*.

O mago escreveu também as orações com as quais invocara a manifestação do espírito benéfico:

Oh, anjo, meu protetor, governa-me com misericórdia; faze com que eu vaticine o verdadeiro segundo o curso das estrelas, como se eu falasse do tripé de bronze, sobre a transformação das coisas naturais. Concede-me isso, te suplico, durante os silêncios amigáveis da Lua, durante essas trevas em que Marte ilumina o Oriente. Concede-me isso, te peço, com o favor de Cristo ótimo e máximo, da santa Virgem Mãe e do Arcanjo Miguel, meu patrono invencível (ibid.).

Sem nenhum constrangimento, Nostradamus praticava uma magia cerimonial que aplicava a teologia cristã aos rituais herméticos de vertente pagã.

Para dominar o gigantesco dinamismo das forças ocultas que palpitava no cosmo, um imenso organismo vivente e sensível, *maistre* Michel invocava Jesus Cristo, Nossa Senhora e o arcanjo Miguel, como agentes sobrenaturais, para que intercedessem na operação mágica.

A magia é sempre um domínio de forças capazes de inserir-se ativamente na estrutura ordinária e sólida das coisas, modificando suas formas novas e não ordinárias. Mago é o homem que transforma ativamente os procedimentos usados pela realidade, inserindo nela processos inéditos e subversivos que atestam o domínio do homem sobre todas as criaturas (GARIN, 1976, 155).

E para que a magia não se transforme numa operação diabólica, e para que não se torne a "mais execrável magia condenada desde há muito pelas Sagradas Escrituras e pelos santos preceitos" (NOSTRADAMUS, 1984, 37), é suficiente remeter-se a Jesus e à Virgem Maria, encarregando o anjo da guarda para emitir a resposta oracular.

Nisso, Nostradamus seguia simplesmente os conceitos confusos dos hermetistas de sua época, que a partir de Marsílio Ficino reconheciam duas formas de magia: a magia negra e a branca; uma que se voltava para o baixo (no sentido espacial e espiritual do termo, os infernos e a crueldade), dirigindo-se às potências demoníacas; e a outra elevava os olhos e as orações ao alto, ao sumo Deus, na verdadeira e única religião:

A magia branca admite a magia espiritual, que é diferente da magia negra e não coloca em perigo a alma do operador. Lança mão de ritos, encantamentos, nomes cabalísticos, caracteres e símbolos místicos, vapores e objetos significativos de diversos tipos, e o mago pode invocar não apenas os membros da Santíssima Trindade, como também outros "deuses" por intermédio dos quais se presumia que o Grande Deus cumpria sua vontade (SHUMAKER, 1976, 109).

O estado mental do mago é a condição determinante de todo e qualquer procedimento, e para isso ele lança mão de jejuns, meditação solitária, abluções rituais.

Cornelio Agrippa chegou a considerar a religião na perspectiva puramente operativa: "Será preciso, portanto, acrescentar o poder da religião às forças da natureza e do cálculo, e a falta desse procedimento seria algo ímpio" (CORNELIO AGRIPPA, 1972, 172).

Sustentada e guiada pela religião, por meio de rituais mágicos, a alma pura poderia elevar-se até a essência divina e operar milagres:

> Assim, nesse estado de pureza e elevação, nos é dado conhecer as coisas que estão acima da natureza e perscrutar tudo o que contém este nosso mundo. E não apenas podemos conhecer as coisas presentes e passadas, como também, graças aos oráculos e às adivinhações, saber inclusive o que irá acontecer em épocas distantes (id., 176).

Eis então a origem das profecias do vidente de Salon.

De fato, tudo isso era reportado nas sessões noturnas em que Nostradamus se coroava com louro e pervinca, se sentava num tripé de bronze e, depois de ter colocado no dedo um anel com a pedra azul, entrava numa espécie de transe controlado, durante o qual uma longa série de versos latinos ia se desenrolando em respostas obscuras que o mago enviava solenemente aos correspondentes, que nada compreendiam, mas nada mais podiam fazer a não ser acusar a si próprios por sua limitação obtusa.

A astrologia como código do inefável

Também nessa série de operações mágicas, Nostradamus fazia referência à astrologia. Ele escreveu efetivamente ao final da longa carta:

> São essas as coisas, oh, doutíssimo Bérard, que pude obter do bom gênio, como que do seio de um oráculo, consultando o profundíssimo juízo dos astros. E, na realidade, para essas revelações, tive de esperar Marte mostrar-se a Oriente, que só aparece na primeira hora depois da meia-noite, a Lua combinada com a cauda do Dragão, o Sol felizmente combinado com a cauda de Leão e, ademais, Mercúrio em quadratura com o braço direito de Orion (DUPÈBE, 1983, 141).

43

Com base nessas frases, temos a impressão de que Nostradamus considera a astronomia o estudo das condições astrais mais favoráveis para a invocação mágica do bom gênio. Quando falava do profundo "juízo dos astros", talvez estivesse aludindo ao estudo do cenário cósmico para avaliar quando e como proceder magicamente?

Se fosse esse o caso, a astrologia nostradâmica seria realmente uma arte acessória da magia e poder-se-ia compreender melhor a razão pela qual os horóscopos do mago de Salon são tão pouco corretos. Mas talvez nossos questionamentos sejam excessivos: parece que Nostradamus jamais percebeu qualquer problema sobre sua técnica divinatória. Ele fazia louvores à astrologia, sem, no entanto, conhecer sua arte. Toda vez que falava de suas práticas de magia, Nostradamus reiterava que elas sempre estavam de acordo, que foram recebidas e certificadas pelo cálculo astronômico. No entanto, sabemos que as coisas não eram assim.

Mas o que a astrologia significava para Nostradamus?

Aparentemente, pode ter sido uma espécie de *codificação racional do inefável*; a tradução para uma linguagem socialmente aceita de um fenômeno ambíguo como era a magia.

Entre os sábios, a magia era uma filosofia natural nobre; mas, para o povo em geral, para os governadores, para a Igreja, a própria palavra causava medo, desencadeando reações usualmente terríveis[8].

O próprio Nostradamus tinha plena ciência disso, por isso declarara abertamente toda a periculosidade da *execrale magie reprouvée*; na *Carta a Cesar*, ele escreve:

> Ademais, meu filho, te suplico a jamais voltar teu espírito aos delírios e devaneios que secam o corpo e colocam a alma a perder, inquietando o frágil juízo, isto é, a loucura da magia detestável da época, condenada pelas Sagradas Escrituras e pelos santos preceitos, com exceção da astrologia judicial, graças à qual, e através

---

8. Se nos séculos XII e XIII, com o Concílio de Rouen (1189) e o de Paris (1212), a Igreja Católica só previa a excomunhão para quem praticasse a magia, a bula *Summis desiderantes affectibus* (de 5 de dezembro de 1484) do papa Inocêncio VIII iniciou uma vasta e cruenta repressão contra a magia, que quase sempre era identificada com a bruxaria. Gregório VII e Gregório IX tomaram uma posição firme contra a magia, também a magia branca, e a primeira fogueira para queima de uma bruxa foi acesa em 1274, justamente na França, em Tolone.

de inspirações e revelações divinas, por meio das constantes vigílias e dos cálculos, registramos por escrito as nossas profecias (NOSTRADAMUS, 1984, 37).

Era o que escrevia Nostradamus para ser impresso; mas, nas cartas privadas que trocava com seus correspondentes de confiança, revelava um pensamento totalmente distinto, e tinha tal ciência assim do risco que não confiava as cartas aos correios mas as entregava pessoalmente aos destinatários.

Para ele, aparentemente, a astrologia pode ter representado a justificação e a normatização da prática mágica; enfim, uma espécie de capa cultural.

É evidente que Nostradamus também se ocupou, e muito, da astrologia, mas, de modo aproximativo, digamos, quase diletante. Muito provavelmente ele se contentava com o nível mínimo da técnica astrológica porque sabia, mas não podia confessar ao mundo, que não tirava dali suas profecias e suas respostas.

Também é claro que ele não ignorava o poder dos astros sobre a vida e a história dos seres humanos, mas seu conhecimento foi tirado de uma fonte mais elevada e mais original. Nostradamus interrogava a mente do mundo, a emanação direta e palpitante do Deus criador. E o futuro lhe era revelado não por meio de cálculos sobre as efemérides ou pela análise das posições dos planetas, mas pelos anjos, que se lhe manifestavam no brilho de visões que o exaltavam e transfiguravam, ou que lhe ditavam hexâmetros que ele próprio não sabia interpretar.

Portanto, é muito melhor atribuir à prática astrológica (que, no entanto, pouco conhecia) tudo o que Nostradamus alcançava com rituais de magia cerimonial. O papa Sisto IV foi um estudioso de astrologia, e a figura feminina que representa a doutrina dos astros encontra-se nas alegorias da arte e das ciências que circundam o seu túmulo. Paulo III consultava os astrólogos para todo assunto importante de seu reino. Leão X instituiu uma cátedra de astrologia para a universidade romana; com esses precedentes, Nostradamus tinha certeza de poder declarar-se astrólogo, e até *astrófilo*.

Para compreender esse fato, basta ver o quão sólida e universal foi sua fama de astrólogo entre os que não se aplicavam ao trabalho, e o quão poderosa e imutável era a fé que seus devotos admiradores depositavam nele.

Lorenz Tubbe, um de seus correspondentes que já mencionamos antes, mandara Cyprien Léowitz, um matemático e astrólogo boêmio, calcular seu horóscopo. Léowitz calculou com exatidão o ascendente do jovem: libra. Tubbe pediu também a Nostradamus para compor seu horóscopo, e esse, equivocadamente, indicou escorpião como seu ascendente.

Escorpião era considerado um signo nefasto, carregado de infinitas dificuldades, e Tubbe ficou muito apreensivo com a resposta de Nostradamus; no entanto, em 1º de dezembro de 1560, ele lhe escreveu:

> Fico admirado com meu mapa natal; não gosto do ascendente de escorpião, prefiro libra [...]. Mas não dou importância ao que eu julgo, pois gostamos de acreditar no que desejamos. [...] Também Cyprien me predisse muitas vezes boa sorte. Mas só existe um Nostradamus, e para mim ele vale mais que todos. Ai de mim!, como é triste este ditado árabe: desconfie de um mapa cujo ascendente é escorpião e no qual Marte está em ângulo de conjunção (DUPÈBE, 1983, 64-65).

Para quem acreditava em Nostradamus, era mais valioso um horóscopo incorreto seu do que um correto de qualquer outro. Tanta fé incondicionada nas palavras do mago provençal continua sendo a mesma que hoje lhe atribui a visão infalível do futuro.

2. História de um livro para além da história – A história editorial das *Profecias*

Profecias antes das *Prophéties*

Nostradamus começou a escrever e publicar predições já numa idade madura, quando tinha 47 anos.

Em 1550 foi publicado seu primeiro almanaque (BENAZRA, 1990, 39). Antes disso, Michel de Nostredame se ocupava apenas do que hoje chamamos de fitoterapia.

Em 1521, depois de ter recebido o título de *maitre ès arts*, que corresponde mais ou menos ao nosso diploma do ensino médio, o jovem que ainda não era o Nostradamus mas assinava como Micheletus de Nostra Domina, começou uma longa peregrinação pelo Sul da França: Lionês, Delfinado, Languedoc e Guiena. Nesses anos de formação, Michel se interessava apenas pela arte da cura, e em 1529, no dia 23 de outubro, inscreveu-se na célebre faculdade de medicina da Université de Montpellier. Ainda se conserva, nos dias de hoje, a anotação relativa nos registros da época, com a assinatura do estudante (LEROY, 1993, 58).

Não existe nenhum documento que prove que Nostradamus tenha conseguido concluir o curso, mas sua atividade, de 1538 em diante até a sua transformação em astrólogo-vidente, foi a de médico.

Com os recursos terapêuticos em uso na época, buscou salvar as pessoas durante as epidemias de peste que devastaram Marselha (1544),

Aix-en-Provence e Salon (1546) e Lion (1547). As hagiografias, algumas das quais repropostas ainda hoje, asseguram que Nostradamus fez coisas mirabolantes e conseguiu debelar o mal. Na verdade, contra aquela epidemia, ele fez aquilo que todos os médicos praticavam na metade do século XVI, isto é, nada. Acreditava-se que a peste fosse produzida pela contaminação do ar, por isso se preparavam e proviam para as estradas e ruas das cidades infectadas grandes braseiros para fumigação com benjoim, canela, rosa, musgo e raízes de angélica. Mas morria-se tanto nas cidades perfumadas quanto nas fedorentas. Os doentes eram tratados com purgativos e sangrias, cujo único efeito era acelerar a morte.

Por fim, Nostradamus estabeleceu morada em Salon-de-Provence, onde em 2 de novembro de 1547 desposou Anne Ponsard[1], uma viúva rica de Jean Beaulme (id., 69). Também em função de seu dote considerável, Nostradamus comprou uma casa em Salon, que existe ainda e foi transformada em museu para turistas. Eles tiveram seis filhos: Madeleine, César, Charles, André, Anne e Diane.

Entre 1548 e 1549, Nostradamus fez uma viagem para a Itália setentrional: Gênova, Savona, Milão e Veneza (ibid.). Quando retornou a Salon, começou a escrever almanaques e se dedicou cada vez mais à previsão do futuro, deixando depois definitivamente a medicina.

Não sabemos bem as reais razões dessa transformação radical. É muito provável que Nostradamus tenha entrado em contato com a abundante astrologia publicitária, que sobretudo em Veneza gozava de uma difusão e um mercado impressionantes. Até aquele momento, nada em sua vida e seus interesses deixava entrever qualquer coisa de sua vocação de profeta.

O almanaque era um gênero literário muito popular no século XVI (CASALI, 2003). Em sua forma típica basilar, era formado por um calendário que indicava as festas católicas e as fases da Lua. Cada dia do ano era acompanhado por uma breve frase: a predição para aquela data específica. Eram, via de regra, indicações meteorológicas, como chuva

---

1. Era o segundo matrimônio de Nostradamus. A primeira mulher e os dois filhos, os quais não sabemos como se chamavam, morreram por volta de 1538, provavelmente numa epidemia.

com trovoadas, tempo bom, vento, mas também previsões de eventos, como vitória naval, nascimento feliz, boa sorte para a navegação, morte de prelado.

Em seus almanaques, Nostradamus compilava uma quadra profética em cada mês, enquanto uma décima terceira quadra era dedicada à previsão geral do ano; são quadras de versos decassílabos com rima alternada, a mesma estrutura métrica que iria utilizar nas *Profecias*. O estilo desses versos é bastante parecido com o das mais célebres quadras das centúrias. É claro que Nostradamus não havia apenas amadurecido a técnica como também a expressão de seu vaticínio, a qual iria manter por toda a extensão da obra e que iria torná-lo tão reconhecido e célebre.

De 1550 até sua morte, que ocorreu em 2 de julho de 1566, Nostradamus escreveu *Pronostications annuelles* e *Almanachs*, e cada um dos quais prometia prever o ano iminente; de fato, os pequenos volumes eram publicados no final do ano precedente ao profetizado. Nostradamus escreveu o último almanaque em 1566, que foi publicado em 1567, depois de sua morte.

Essa edição foi publicada inicialmente em Lion, cidade de antiga e sólida tradição editorial. No entanto, logo depois, Nostradamus foi impresso em Avignon, Paris e também em Milão, como confirmação de seu amplo sucesso na produção profética. Em 1556, na tipografia de Innocenzo Cigognata (na cidade lombarda entre 1537 e 1560), foi publicado *Pronostico e Tacoyono Francese fatto per Maestro Michel Nostradamus. Con la dechiarazione de giorno in giorno, & anchora la dechiaratione delle Lune, de mese in mese.* [...] Tradutto de língua Francesca, in Italiana (BENAZRA, 1990, 17). Em 1558, em Londres, Henry Sutton publicou a tradução inglesa do almanaque para o ano seguinte: *An Almanacke for the years of oure Lorde God 1559 Composed by Mayster Mychel Nostradamus Doctour of Phisike* (id., 29).

Se o gênero de almanaque era popular, de modo que se constituía numa voz fundamental nas feiras e nos mercados, Nostradamus considerava seus opúsculos objetos dignos da mais elevada estima; alguns dos excelentes personagens a quem os dedicou provam-no: Joseph de Panisse-Passis (em 1554); Catarina, rainha da França (1556); Guillaume de

Gadagne (1557); Henrique II, rei da França (1558); papa Pio IV (1561); Fabrice de Serbellon (1562); Duque D'Anjou, futuro Henrique III (1564); Carlo IX, rei de França (1564)[2]. Eram personalidades eminentíssimas da corte, todas bravamente católicas e altamente antiprotestantes. Destaca-se a dedicação feita ao próprio pontífice Pio IX, Giovanni Angelo Médici, sob cujo reino se concluiu o Concílio de Trento (1563), que esteve sob o peremptório carisma de Carlos Borromeu, ao adotar uma inflexível contrarreforma, particularmente dura contra os huguenotes, para cuja extinção forneceu tropas e financiamentos ao rei da França.

Joseph de Panisse-Passis era protonotário apostólico e reitor da Catedral de Cavaillon.

Guillaume de Gadagne foi um dos mais implacáveis perseguidores dos huguenotes no massacre da Noite de São Bartolomeu (23 de agosto de 1572). Fabrice de Serbellon, ou Francesco Fabrizio Serbelloni, era primo do papa, que o enviara a Provença, encarregado como comissário geral dos exércitos, para massacrar a resistência dos calvinistas. Depois de um longo assédio, conquistou Orange, fortaleza dos huguenotes, em 6 de maio de 1562. Mostra-se assim que a dedicatória de Nostradamus é datada de 20 de julho de 1562, no momento em que o reconhecimento dos católicos para com ele estava no seu ponto mais elevado.

Carlos IX era um rapaz de 14 anos quando Nostradamus lhe dedicou um dos seus almanaques; nominalmente rei da França já havia quatro anos, pois de fato o poder estava nas mãos de sua mãe, Catarina de Médici. Ele seria lembrado na história de um modo terrível como quem consentiu alguns disparos feitos de uma janela do Louvre, evento do qual também teria participado, assim como do extermínio dos reformados na Noite de São Bartolomeu (CORTESI, 1993, 40-47). Ora, a partir de então, Nostradamus aparenta ser um católico intransigente e um firme opositor dos protestantes. Mais adiante, veremos que as coisas não são de fato assim.

---

2. A esses, acrescentam-se Claudio de Savoia, governador da Provença (1559); Margherita di Valois, duquesa de Savoia, irmã de Henrique II (1560); Jean de Vauzelles (1561); Honorat de Savoie (1565).

A miragem dos bibliófilos

O grande público acredita que as *Profecias* de Nostradamus tenham sido compostas e publicadas num único bloco, que tenham surgido completas e prontas pela pena do vidente como Minerva da cabeça de Júpiter. Diferente disso, as centúrias de Nostradamus tiveram uma história editorial que não foi muito linear, e o livro, tão popular e tão pouco conhecido, é mais parecido com um *patchwork* do que com um afresco. A primeira edição do livro prodigioso é de 1555. Intitula-se *Les prophéties de M. Michel Nostradamus (As profecias de M. Michel Nostradamus)*; foi publicada em Lion pelo editor Macé Bonhomme. O livro não contém as quadras da obra do vidente, mas, sim, apenas as das primeiras centúrias e a 53 da quarta.

Para esclarecer o assunto de pronto, seria bom explicar logo a arquitetura da obra. Nostradamus escreveu suas predições em quadras de versos decassílabos com rima alternada; as quadras são reunidas em grupos de cem, e é por isso que se fala de centúrias. Toda a obra está estruturada em dez centúrias, de modo que as quadras totais deveriam contar mil (10 × 100 = 1.000); mas realmente esse não é o caso, porque o autor — por razões sob as quais as conjecturas se tornam tresloucadas — compôs centúrias que compreendem menos do que as cem quadras previstas pelo projeto do conjunto.

A primeira edição do livro contém a carta *Ad Caesarem Nostradamum filium*, sobre a qual já se falou, que é a introdução ao texto, que é de 1º de março de 1555, escrita em Salon.

O privilégio, isto é, a exclusividade editorial concedida por dois anos a Macé Bonhomme, e dado em Lion, data de 30 de abril de 1555. O pequeno volume composto de 46 folhas de aproximadamente 13 cm × 58 cm acabou de ser impresso em 4 de maio de 1555[3]. Frisos e capitulares foram inseridos pelo lionês Georges Reverdy.

---

3. Note-se que essas datas são todas do calendário juliano, que precedia o atual calendário gregoriano, que entrou em vigor em 15 de outubro de 1581. As datas julianas antecipam em dez dias as gregorianas. Assim, por exemplo, o dia 15 de outubro de 1582 seria o dia 5 de outubro de 1582 juliano.

O editor Macé Bonhomme foi muito ativo em Lion de 1536 a 1571. Conhecem-se também suas edições feitas em Avignon, sozinho ou associado a outros editores. Ele não foi apenas um impressor como também fora um homem culto que conhecia grego e latim e que assinou alguns prefácios de livros editados por ele. Em sua longa carreira, publicou sobretudo obras de literatura, de filosofia, direito e teologia, mas se ocupou de esoterismo algumas vezes, pelo menos depois da publicação das *Profecias* de Nostradamus.

Em 1557, Bonhomme publicou o livro *Le miroir d'alquimie de Rogier Bacon philosophe tre-excelent*, um conjunto de quatro tratados de alquimia: *Le miroir d'alquimie* (atribuído a Roger Bacon), *L'elixir des philosophes, De l'admirable pouvoir et puissance de l'arte & de nature ou est traité de la pierre philosophale, Des choses merveilleuses en nature* (FONTAINE, 1988, 287).

Bohnhome escreveu o prefácio do volume, datado de 15 de novembro de 1557, o que demonstra não só seu interesse puramente editorial e comercial como também um conhecimento e uma consideração mais profundos da alquimia. A partir dessa indicação seria por demais arriscado supor que o esoterismo tivesse sido o fator a reunir Nostradamus com seu primeiro editor, mas não deixa de ser verdadeiro que Bonhomme em nada era estranho à filosofia oculta.

Em 1552, o editor lionês publicou um livro do erudito Guillaume de La Perrière, *Les considérations des quatre mondes, à savoir est: divin, angélique, céleste et sensible*; a obra estava dividida em quatro centúrias de quadras de versos decassílabos em rima alternada, exatamente a mesma forma expressiva que Nostradamus iria adotar, três anos depois, para as *Profecias*.

A primeira edição das *Profecias* de Nostradamus é um dos livros impressos mais raros; são conhecidos apenas três exemplares: um está conservado na Biblioteca municipal de Albi (em Tarn, na França), o outro está em Österreichische Nationalbibliothek, de Viena (na Áustria) (BENAZRA, 1990, 9). Um terceiro exemplar, encontrado recentemente, está em mãos privadas (GUINARD, 2015).

Outras cópias das quais se tinha certeza existir desapareceram durante a Comuna de Paris (1871), no incêndio do Hotel de Ville, e em junho de 1887, quando se registrou o desaparecimento ou o furto de um exemplar que se conservava na Biblioteca Mazzarino de Paris.

A primeira edição das *Profecias* foi bem-sucedida; as duas cópias conservadas, de Albi e de Viena, foram produzidas em duas distintas edições próximas, como foi possível concluir do estudo minucioso dos caracteres e da composição tipográfica. Podemos dizer que Bonhomme reimprimiu o pequeno volume pouco depois de sua publicação, portanto a venda deveria ter sido bem-sucedida.

Na carta-prefácio, Nostradamus explica que,

> sendo surpreendido por diversas vezes na semana pela inspiração profética e consagrando-me a longos cálculos em estudos noturnos com suave odor, eu compus livros de profecias, cada um dos quais contendo cem quadras astrológicas proféticas, que eu quis compor de um modo um tanto obscuro, e se trata de vaticínios perpétuos desde hoje até o ano 3797 (NOSTRADAMUS, 1984, 39).

Essas duas palavras, "vaticínios perpétuos", foram as que desencadearam as manias dos intérpretes. Como ocorreu antigamente no Concílio de Niceia, quando católicos e arianos se engalfinharam sobre a presença ou não de uma única letra grega numa palavra-chave do Credo (*homoùsion* ou *homoiùsion?*), assim os nostradamianos já se dividem há alguns séculos em duas facções: alguns consideram as profecias de Nostradamus predições de uma história cíclica recorrente, e outros o negam.

Esse é um bom exemplo de como os seguidores de Nostradamus atribuem um valor decisivo a cada mínima expressão de seu ídolo, em busca de um pretenso código que permita decifrar claramente toda a massa de quase mil oráculos.

Em 1557, foi publicada a segunda fração de quadras. O editor lionês Antoine du Rosne publicou, além das primeiras três, também a quarta e a quinta centúria completa de 100 quadras cada uma, a sexta com 99 quadras, a sétima com 40 quadras; somou um total de 639 quadras. O título dizia: *Les prophéties de M. Michel Nostradamus. Dont il en y à trois cents qui n'ont encore esté imprimées. A Lyon chez Antoine du Rosne 1557* (BENAZRA, 1990, 22). Esse também é um livro muito raro. A Biblioteca de Mônaco tinha uma cópia até o início dos anos 1930. Nesse período, Adolf Hitler encarregou o ministro da Baviera, Hermann Esser, de confiscar aquele volume. Esser (que fora encarregado disso) depositou uma caução de 3 mil marcos na Biblioteca de Mônaco para levar o volume que foi entregue ao Führer. No inventário registra-se em 6 de junho de 1942 o desaparecimento do volume, que, se ainda existe, talvez se encontre atualmente na Rússia, como espólio de guerra (isso foi comunicado ao autor pela doutora Julia Knödler, do Departamento de Manuscritos e Livros Raros, em 6 de junho de 2016).

Para trazer certas complicações aos pesquisadores, há um exemplar (conservado na Biblioteca universitária de Utrecht, Países Baixos) que apresenta três quadras a mais: uma quadra em latim, como a centésima quadra da sexta centúria, e duas quadras (a 41 e a 42) da sétima centúria. Para ter mais clareza, veja-se o quadro a seguir:

Edições	Centúrias	Total de quadras
1555	I, II, III: completas IV: apenas 53 quadras	353
1557	I, II, III, IV, V: completas VI: apenas 99 quadras (100 no exemplar de Utrecht) VII: apenas 40 quadras (42 no exemplar de Utrecht)	639 ou 642
1558	VIII, IX, X: completas	939 ou 942

O exemplar de Utrecht traz um "terminado de imprimir em 6 de setembro de 1557"; os outros exemplares existentes (Biblioteca Nacional Széchényi de Budapeste e Biblioteca Russa do Estado de Moscou) trazem a data de 3 de novembro.
A *Carta a César* encontra-se no início de ambas as edições.

Completa-se o milhar

Em 1558 teria se completado o sistema das dez centúrias. É necessário manter o condicional aqui porque a estrutura de dez centúrias de 1558 é citada em diversas edições do século XVII (as de Rouen, Leiden, Amsterdã, Paris), mas hoje não se tem informação de mais nenhum exemplar (BENAZRA, 1990, 35). A existência dessa edição, também essa de Lion, é bastante provável, mas não pode ser confirmada com toda a certeza. Para obter-se um documento seguro seria necessário aguardar até 1568, quando em Lion surge, na tipografia de Benoit Rigaud, *Les prophéties de M. Michel Nostradamus. Centuries VIII.IX.X. Qui n'ont encores iamais esté imprimees*. Trata-se de um livro de 76 páginas que compreende as últimas três centúrias completas, precedidas da *Lettre à Henry Second*, uma longa carta dedicatória ao rei da França Henrique II, filho de Francisco I e de Cláudia da França. E, a partir de então, passou a constar em todas as edições, sempre entre a sétima e a oitava centúria.

Nessa carta vemos perfeitamente Nostradamus como escritor: uma prolixidade caótica que era reprovada inclusive por seus editores; um estilo bombástico, retorcido, com repetições e hipérboles; uma adulação do poder que ultrapassa em muito as obrigações e os costumes sociais da época e se torna uma verdadeira bajulação servil.

A carta a Henrique II é muito mais longa do que escrita ao filho César; não é arriscado supor que Nostradamus, bem mais seguro de si pela boa aceitação de sua primeira edição, decidisse se apresentar, ao público e ao *milieu* "mais elevado", com uma mais ampla exposição de recursos doutrinais. Ora, enquanto no prefácio da primeira edição (1555) se apresentava quase que surpreso de seu poder profético, agora Nostradamus mostra dominar bem seu afazer e se lança em longas elucubrações cronológicas.

Não vamos nos ocupar dos detalhes dessa carta prolixa que deveria reunir uma visão de conjunto do futuro mundial, mas destacamos apenas alguns pontos importantes para conhecer o pensamento de Nostradamus, lendo suas quadras como qualquer outro produto literário, portanto permeado de ecos e sugestões, com influxos e empréstimos mais ou menos evidentes, mesmo que não declarados pelo autor.

Nostradamus se dirige a Henrique II com uma expressão de veneração quase embaraçosa: "a deidade de vossa imensa majestade" (NOSTRADAMUS, 1969b, 145).

O profeta encontrara-se com o rei na segunda metade de agosto de 1555, em Saint-Germain-en-Laye. Fora convidado porque, em novembro de 1554, Nostradamus publicara em Lion, com Jean Brotot, a *Prognostication nouvelle & prediction portenteuse pour l'an MDLV* (BE-NAZRA, 1990, 5).

Ali se insinuou que o rei correria um perigo em 1555, mas que não ousava colocar por escrito, suscitando, assim, a óbvia curiosidade de Henrique II, que o chamou à corte para saber do que se tratava. Durante a famosa viagem a Paris e a Saint-Germain-en-Laye, localidade que está a uns vinte quilômetros da capital, teria acontecido o encontro do mago de Salon com Henrique II e sua mulher Catarina de Médici, apaixonada por astrologia e ocultismo, a qual teria pedido ao vidente para revelar o destino de seus filhos, que se tornaram depois Francisco II, Carlos IX e Henrique III.

Conta a lenda que Nostradamus teria predito o trono a todos os três rapazes, porém, sua bajulação o fez cometer uma gafe enorme, se se pensa que um rei só pode reinar depois que estiver morto seu predecessor. Mas se diz também que essa profecia de mortos e coroações seguidas dificilmente se mostrou verdadeira: foram só os biógrafos que inventaram o mito de Nostradamus que falam desse modo; nas cartas e nos livros, ele jamais acenou para tal, e se trata de um silêncio que diz muito, uma vez que é conhecida sua disposição para elencar suas benemerências e os felizes contatos com a aristocracia.

A carta a Henrique II nos mostra que Nostradamus idealizara um sistema baseado em decimais: 10 centúrias de 100 quadras cada uma, e a publicação da terceira fração levava à conclusão a sua estrutura: "venho consagrar [ao rei da França] essas três centúrias do restante de minhas Profecias que completam o milhar" (NOSTRADAMUS, 1969b, 145).

Cálculos nebulosos

Essa é a única indicação verdadeiramente clara de toda a carta; o restante são informações obscuras e contraditórias. No curso do texto, pois, Nostradamus escreve que "o tempo presente é datado de 14 de março de 1557" (NOSTRADAMUS, 1969b, 146), mas a data em que a concluiu e a assinou é "Salon, este 17 de junho de 1558" (id., 162).

2. HISTÓRIA DE UM LIVRO PARA ALÉM DA HISTÓRIA – A HISTÓRIA EDITORIAL DAS PROFECIAS

Os nostradamianos muito conjecturaram sobre essas duas datas distintas: seria possível que o mago provençal houvesse gastado mais de um ano para escrever a carta? Parece realmente absurdo, assim divagaram sobre esse fato, concluindo que Nostradamus quis deixar uma chave para a decodificação com a certeza total de que cada mínimo elemento nos textos nostradâmicos deva ser revelador, condenando o pobre Michel a uma matemática meticulosa de computador, justo ele que, como vimos, era pouco afeito a cálculos e precisões.

Na carta a Henrique II, o profeta-astrólogo expõe a cronologia mundial; e assim acabou expondo duas, porque expôs um após o outro dois cômputos bem diferentes entre si[4]. O conjunto total do primeiro soma 5.378 (ou 5.379) anos, desde Adão até a revelação de Maomé; o conjunto total do segundo é indicado por Nostradamus em "4.173 anos e 8 meses, mais ou menos" (id., 157), apesar de que o cálculo dos períodos do segundo cômputo some antes 4.092 anos e 2 meses. Erro? Código cifrado? Na ausência de documentos confiáveis, não temos como responder.

Ademais, todo o discurso não tem um sentido unívoco: trata-se da típica mensagem profética genérica, que apresenta grande variedade de símbolos, alegoria, alusões às quais se pode atribuir, com relativa plausibilidade, uma infinidade de significados variados, dependendo da cultura ou das opiniões do intérprete.

Segundo o esquema característico da profecia, Nostradamus prevê um período de terríveis devastações, calamidades, perseguições, guerras e epidemias, culminando com o advento do Anticristo. A isso seguir-se-ia uma época de felicidade.

---

4. A princípio, traçou essa sequência cronológica (NOSTRADAMUS, 1969b, 148-149): de Adão a Noé, 1.242 anos; de Noé a Abraão, 1.080 anos, de Abraão a Moisés, 515 a 516 anos; de Moisés a Davi, 570 anos; de Davi a Jesus Cristo, 1.350 anos; de Jesus Cristo à "sedução detestável dos Sarracenos", 621 anos. O total geral é 5.378 (ou 5.379) anos, de Adão à revelação de Maomé. Algumas páginas depois, eis uma outra cronologia (id., 156-157): da criação do mundo ao nascimento de Noé, 1.506 anos; de Noé ao dilúvio universal, 600 anos; duração do dilúvio, 1 ano e 2 meses; do dilúvio a Abraão, 295 anos; de Abraão a Isaac, 100 anos; de Isaac a Jacó, 60 anos; idade de Jacó quando entrou no Egito, 130 anos; duração da permanência no Egito, 430 anos; da saída do Egito à construção do Templo de Salomão, 480 anos; da construção do templo até Jesus Cristo, 490 anos.

E, depois de uma longa duração desse tempo, será renovado um outro reino de Saturno, um século de ouro. Deus criador ouvirá a aflição de seu povo, Satanás será preso e amarrado no abismo, no precipício da fossa profunda, e então terá início uma paz universal entre Deus e os homens que irá durar por volta de mil anos, e o poder da Igreja reconquistará sua força total (id., 161).

É claro que não encontramos coordenadas de tempo claras nas *Profecias*: Nostradamus nos fornece pouquíssimas indicações. Entre as inúmeras quadras, apenas oito (ou 0,84 % do total) apresenta expressamente datas definidas[5].

A respeito das oito datas, uma se refere ao século XVI, três são relativas ao século XVII, outras três, ao século XVIII, uma outra, ao século XX. Além disso, as datas se concentram, via de regra, nos inícios do século XVII e do século XVIII; para alguém que vivia na metade do século XVI, aqueles séculos representavam o futuro remoto.

Em VI.2 são indicados dois anos, 1580 e 1703, para os quais o mago profetizou grandes transformações e mudanças de diversos reinos: naqueles anos previram-se duas conjunções sucessivas de Júpiter e Saturno em Áries, um evento que os astrólogos associavam a grandes convulsões nas nações e que é citado também em I.49 e em I.51. Nessa profecia, Nostradamus simplesmente seguiu Richard Roussat (BRIND'AMOUR, 1996, 123) e a opinião difusa entre os astrólogos de sua época.

Descendentes falsos e impostores verdadeiros

Muito embora as predições de Nostradamus fossem obscuras e confusas, as *Profecias* alcançaram grande sucesso. Ou talvez devamos dizer que o sucesso deveu-se propriamente à sua obscuridade: as profecias mais infalíveis, as que são lembradas e mencionadas com crescente admiração, são as que dizem *tão pouco e de maneira tão enigmática* que *podem dizer tudo que alguém deseja ali encontrar.*

---

5. V.2: ca. 1580; VIII.71: 1607; VI.54: 1607; X.91: 1609; I.49; 1700; VII.2: 1703; II.77: outubro de 1727; X.72: sétimo mês de 1999.

Nesse sentido, Nostradamus era um verdadeiro especialista. Ele próprio tinha plena ciência do grau de nebulosidade de suas profecias, e declarou, portanto, que "a maior parte das quadras era de tal modo obtusa que não se poderia dar-lhe um sentido ou interpretá-la" (NOSTRADAMUS, 1969b, 146).

Contudo, apesar disso, ou graças a isso, portanto, os livros de Nostradamus eram muito requisitados; eram tão solicitados que logo surgiram edições falsas.

A bibliografia nostradamiana registra dezenas de edições piratas. Em 1564, um sujeito que assinava como Mi. de Nostradamus publicou em Lion uma *Prognostication ou Revolution avec les presages pour l'an Mil cinq cens soixante-cinq*. O impostor, que se fazia passar descaradamente pelo vidente de Salon e que jamais foi identificado pelos pesquisadores, acabou publicando almanaques de 1565 a 1575 (BENAZRA, 1990, 69).

Também na Itália se comercializavam almanaques sob a fama do vidente provençal: em Florença, em 1565, foi publicado um *Pronostico o vero giudicio sopra l'anno MDLXVI* (Prognóstico ou verdadeiro juízo para o ano de MDLXVI), que se apresentava como obra do *Eccellente philosopho & astrologo M. Philippo Nostradamo* (Excelente filósofo e astrólogo M. Filipe Nostradamus). Como se vê, os parentes de Nostradamus iam proliferando lado a lado com a sorte do fantástico livro.

Em 1569, um tal Florent de Crox, que se autodenominava discípulo de Nostradamus, publicou em Paris, com Antoine Houic, o *Almanach pour l'An M.D.LXX* (id., 91).

No mesmo ano apareceu um pretenso descendente do mago de Salon, que se identificava como Michel Nostradamus le Jeun (Nostradamus, o jovem) com o título *Predictions pour vingt ans*, publicado em Rouen, pela tipografia de Pierre Hubault (id., 92).

Em 1570, em Paris, um tal de Antoine Crespin Nostradamus, chamado Arquidamus, publicou a *Prognostication avec ses presages pour l'An M.D.LXXI*; o autor — que desfrutara integralmente a fama de verdadeiro Nostradamus — se apresentava como camareiro do rei e médico do Conde de Tende, governador da Provença (id., 94).

Todavia, para compreender o quão intenso era o mercado de apócrifos de Nostradamus, será suficiente esta anedota.

Hans Rosenberg, que sabemos ser um dos mais convencidos clientes de Nostradamus, escreveu a ele em 15 de dezembro de 1561 pedindo-lhe que enviasse a ele pessoalmente três cópias do almanaque para o ano de 1562, dedicado a Pio IV: *Almanach nouveau pour l'an 1562 composé par Maistre Michel Nostradamus [...] A Paris, par Guillaume le Noir & Iehans Bonfons* (id., 46). Rosenberg escreveu na carta que não confiava em pedir a obra em Lion porque circulavam muitas edições clandestinas (DUPÈBE, 1983, 115).

Sabemos que pelo menos em um caso os editores oficiais de Nostradamus procuraram proteger-se desses falsificações; para afrontar esse vastíssimo mercado abusivo, recorreram a uma forma de autenticação: cada cópia do *Almanach pour l'An 1557* deveria apresentar as assinaturas dos editores parisienses Jacques Kerver e Jean Brotot. As cópias falsificadas seriam confiscadas, e para os falsificadores estava prevista a prisão, era o que vinha escrito no *avertissement* que se podia ler depois do frontispício (BRIND'AMOUR, 1993, 56).

As falsificações não foram simplesmente obra de editores desonestos. As *Profecias* de Nostradamus foram utilizadas para influenciar a opinião pública, numa espécie de guerra psicológica *ante litteram*: usar o futuro como uma arma, ou ao menos como um aliado, é uma tática antiga e muito eficaz.

Justamente porque sabiam muito bem qual poderia ser o poder desestabilizador das profecias, os reis franceses procuravam impor uma censura preventiva: Carlos IX ordenou que todos os almanaques tivessem o visto do bispo para a publicação. Henrique III, em 1579, proibiu toda e qualquer profecia política nos almanaques, que deveriam limitar seus prognósticos ao tempo, às colheitas e às epidemias. Luiz XIII, em 1628, confirmou a proibição.

O próprio Nostradamus teve alguns contratempos, a propósito: em 16 de dezembro de 1561, por ordem do rei Carlos IX, foi preso pelo Conde de Tende, governador da Provença, que em 18 de dezembro escreveu ao soberano com o seguinte teor: "A propósito de Nostradamus, mandei prendê-lo, e está preso junto a mim, pois lhe ordenara não fazer mais almanaques e prognósticos, o que ele me havia prometido. Ficaria contente em saber o que quereis que eu faça" (PANISSE-PASSIS, 1889, 82).

2. HISTÓRIA DE UM LIVRO PARA ALÉM DA HISTÓRIA – A HISTÓRIA EDITORIAL DAS PROFECIAS

Graças às suas poderosas proteções, e talvez também graças à sua fama de homem inspirado, que incutia temor, o cárcere de Nostradamus era confortável (de fato, ele era hóspede do conde em seu castelo em Marignane), e já em janeiro de 1562 ele foi libertado e pôde voltar para sua casa em Salon; apesar da promessa feita, ele continuou a escrever e publicar previsões tranquilamente.

Durante a Fronda (um vasto movimento de oposição ao cardeal Mazzarino, o qual de fato governava a França, que durou de 1648 a 1653), foi publicada uma edição de as *Profecias* que trazia no frontispício o dizer "Lion 1568", embora tivesse sido impressa 81 anos depois dessa data. Essa edição compreendia duas quadras apócrifas (VII.42 e VII.43); a primeira dessas predizia que "o siciliano Nizaram" (evidente anagrama de Mazarin), depois de ter alcançado as mais elevadas honras, teria "caído no pântano de uma guerra civil" (CHOMARAT, 1989, 7). A outra profetizava o fim do poder do "grande Creso", como era chamado Mazarin, que era muito rico.

Também durante a Segunda Guerra Mundial as *Profecias* foram usadas e manipuladas para objetivos bélicos; é o que nos relata Walter Schellenberg, chefe da VI seção (espionagem externa) do *Reichssicherheitshauptamt*, departamento central de segurança do Reich:

> Um pequeno truque que fez grandes danos foi um opúsculo, aparentemente inofensivo, distribuído em grande quantidade por nossos agentes e também lançado por avião. Impresso em língua francesa e apresentado como uma edição das *Profecias* de Nostradamus (e de fato continha diversas dessas profecias), o livro previa destruições imensas, causadas por "máquinas voadoras que lançam fogo", enquanto o sudeste da França ficaria livre desse desastre (SCHELLENBERG, 1960, 42-43).

O mesmo Schellenberg ficou espantado com o sucesso de suas profecias manipuladas: começou a ocorrer um verdadeiro êxodo de pessoas rumo a Provença e Languedoc-Roussillon que as autoridades francesas não conseguiram deter.

Nos primeiros dias do conflito contra a França, em junho de 1940, os alemães usaram o inextinguível fascínio que se tem por Nostradamus como uma arma secreta: fizeram crer que esse havia previsto a invasão do país por parte da grande Alemanha, e que apenas a parte sudeste do país seria poupada das turbinas do fogo dos *Stukas* e da artilharia. Quando as tropas nazistas estavam atacando Paris, pelo quadrante norte, através dos portos de Mancha, encontraram as estradas livres de refugiados, exatamente como desejavam.

Edgar Leoni (1982, 99) lembra um opúsculo impresso em Estocolmo em 1940 e difundido nos Estados Unidos, *What will happen in the near future? For an answer we must turn to "Les vrayes centuries et propheties de Maistre Michel Nostradamus". The prophecies of the ancient French astrologer Michel Nostradamys and the present war.* Tratava-se de um panfleto de propaganda nazista que assegurava a vitória ao Terceiro Reich, prevista pelo vidente.

Sob o pseudônimo Norab como autor escondia-se o barão (Norab é *Baron* [barão] lido de trás para frente) sueco Lage Fabian Wilhelm Staël von Holstein, autor de diversos opúsculos de propaganda nazista (VAN BERKEL, 2012).

Não há nada que produza situações tão ilógicas quanto a guerra. Eis que os alemães se ocupavam em minar a moral francesa com um material retirado das *Profecias*, enquanto as autoridades francesas, por seu turno, se ocuparam em seguida em fazer desaparecer tudo o que estivesse relacionado a Nostradamus para não ofender os invasores (HOWE, 1968, 159).

Diversas vezes me perguntaram se vale a pena ocupar-se tanto de um mago que escreveu suas profecias há quinhentos anos; também me foi questionado "mas que mal poderá fazer Nostradamus?": acabou-se de demonstrar por que vale a pena desativar a *bomba-Nostradamus*.

As palavras inspiradas

A história da França pode sugerir uma justificativa da sorte de Nostradamus. As profecias são mais comumente procuradas e sugestivas em épocas de crise, quando o futuro está mais incerto do que nunca. Quando a política, a razão ou o simples bom senso não conseguem indicar o que poderia acontecer, torna-se premente a tentação de pedir as respostas ao mistério.

2. HISTÓRIA DE UM LIVRO PARA ALÉM DA HISTÓRIA – A HISTÓRIA EDITORIAL DAS *PROFECIAS*

A metade do século XVI foi particularmente acidentada para o reino da França. Quando, em 28 de junho de 1519, o jovem Carlos V, com 19 anos de idade à época, foi eleito imperador dos romanos, parecia ter-se realizado o domínio mundial: de fato, esse soberano herdou de seu pai, Felipe de Augsburgo, o ducado de Borgonha e da Áustria, o Tirol, a Boêmia e a Silésia; graças à mãe, Joana de Castilha, ele era também rei da Espanha, da Sicília e da Sardenha; enquanto imperador do Sacro Império Romano, representava a autoridade máxima da Europa Central. Além disso, ele era o dono e o senhor das imensas e riquíssimas terras ultraoceânicas conquistadas pouco antes. A única potência que não estava submissa ao cetro de Carlos V era a França de Francisco I, literalmente circundada pelo império. Além das evidentes razões políticas e estratégicas, também a mística contrapunha Francisco I a Carlos V. O rei francês afirmava não ser menos digno de vestir o manto imperial do que o rei de Augsburgo; assim, o rei francês era o único entre todos os soberanos desde o século V em diante qualificado como *Rex christianissimus*; só ele tinha o dom de curar os escrofulosos simplesmente tocando-os com sua mão sagrada; ele fora consagrado com o óleo da Santa Ampola que se dizia ter sido trazida do céu por uma pomba, símbolo vivo do Espírito Santo, para São Remígio, que serviu para batizar Clóvis, em 486 d.C. A partir desse remotíssimo dia, o óleo das consagrações régias fora sempre o óleo contido na *Saincte Ampoule*, que no decorrer dos séculos jamais diminuía e nem perdia sua cristalinidade (BLOCH, 1973, 183).

Esse milagre, atestado já no século IX, era a mais segura demonstração da predileção divina pela monarquia francesa. Mas Carlos V, ao contrário, conquistara o trono imperial com 852 mil florins, tomados de empréstimo dos banqueiros Fugger e Welser, com os quais comprara os eleitores imperiais.

Francisco I, porém, tinha a impressão de ter sido defraudado de um direito seu de origem divina. As longas guerras contra Carlos V ocorreram em grande parte na Itália. Perto de Pávia, no dia 24 de fevereiro de 1525, se deu a célebre batalha na qual o rei francês foi feito prisioneiro pelos mercenários do imperador.

Com o Tratado de Madri (em 14 de janeiro de 1526), para recuperar sua liberdade, Francisco I deveria renunciar a qualquer pretensão que tivesse sobre o reino de Nápoles, o ducado de Milão e a Borgonha.

Uma vez liberto, o Valois declarou não se sentir obrigado a respeitar as condições impostas que teve de aceitar enquanto era prisioneiro, e, assim, participou de uma aliança anti-imperial com o papa, a Inglaterra, Milão, Gênova, Florença e Veneza (a Liga de Cognac). Para a Itália, essa nova campanha de guerra teve uma consequência trágica: o terrível saque de Roma, cidade em que as tropas imperiais irromperam em 6 de maio de 1527, impondo estragos bestiais e devastadores.

Em 1524 e em 1536, a Provença, a terra de Nostradamus, foi invadida e depredada pelas tropas imperiais.

Os dois contendentes, Carlos e Francisco, em agosto de 1529, chegaram a um novo acordo de paz (firmado em Cambrai, pela mãe do rei da França e a tia do imperador, e por isso esse tratado foi qualificado como a Paz das Duas Damas). Em 1539 a guerra explodiu novamente, pois Francisco I tentou conquistar Milão quando da morte de Francisco II Sforza, sem deixar herdeiros.

Com o intento de derrotar seu inimigo odiado, o cristianíssimo rei da França, em 1536, selou uma aliança com Solimão, o Magnífico, sultão do Império otomano, ou *grand Soliman*, como o chamara Nostradamus em III.31. Um breve inciso necessário: nas *Profecias* não encontramos quase em parte alguma a preocupação com as invasões dos turcos, que — desde a queda de Constantinopla, em 1453 — representavam uma ameaça para a Europa; depois da conquista do Peloponeso, da Sérvia, da Bósnia, da Valáquia, da Albânia, da Croácia, da Hungria, os turcos, em 1529, assediaram Viena, no coração do Império Habsburgo.

Nas *Profecias*, a ameaça oriental é representada pelos persas[6], que estavam em guerra contra os turcos desde 1532: em sua visão do futuro, Nostradamus leva em consideração os aliados do rei da França.

Um outro tratado de paz entre Francisco e Carlos, que então fora chamado de Crépy (1544), concluiu temporariamente o último embate. Foi só a morte, em 1547, que impediu Francisco I de continuar a luta contra seu tenaz inimigo. Como uma rixa nacional, o sucessor do rei francês, seu filho Henrique II, herdou com a coroa a guerra contra o

---

6. Cf. I.73, II.96, III.64, III.78, III,90, V.27, V.47, V.54, V.86.

imperador. Num primeiro período, as coisas andaram bem para Henrique; mas a grave derrota sofrida na batalha de São Quintino (10 de agosto de 1557) obrigou a França a renunciar definitivamente a qualquer pretensão que tivesse na Itália, que entrou na órbita espanhola e ali permaneceu por cerca de dois séculos.

Havia ainda outra tempestade, talvez até ainda mais dramática, que estava se formando sobre o céu francês quando Nostradamus começou a se dedicar às profecias: as guerras religiosas.

Já em 1534, os protestantes ousaram afixar manifestos contra a missa inclusive nas portas das salas régias do castelo de Amboise. Em 1545, o parlamento de Aix-en-Provence, com o consentimento de Francisco I, ordenara o massacre de 3 mil valdenses em Luberon. Entre 1547 e 1550, o parlamento de Paris emitira mais de quinhentas ordens contra os hereges. O confronto entre católicos e reformadores era cada vez mais intenso, como demonstram os editos daqueles anos: o edito de Compiègne (1557) previa a pena de morte aos protestantes que cometessem um escândalo público; o edito de Écouen (1559) condenava à pena capital, sem sequer um processo, os protestantes que se rebelassem ou procurassem fugir; na prática, era o início de um extermínio.

O magistrado Anne du Bourg, calvinista, que teve a coragem de pedir que fossem interrompidas as perseguições dos huguenotes, foi estrangulado e queimado em 1559 (DUBY, 1997, 498).

Nostradamus morreu seis anos antes da Noite de São Bartolomeu (1572), uma carnificina em que foram assassinados muitos milhares de protestantes em toda a França. Porém é claro que suas quadras e algumas de suas cartas são como sismogramas que registraram a tensão que estava se acumulando, que explodiu em convulsões raivosas, ainda que isoladas.

Naquele clima confuso e assustador, as palavras daquele que se dizia inspirado pela mente de Deus pareciam ser as únicas palavras seguras. Sobretudo quando anunciavam, com a cega certeza de um sonâmbulo, que o rei da França teria se transformado, como veremos, no rei do mundo.

O outro Nostradamus

Em 1568 (Nostradamus morreu dois anos antes) surge a primeira edição completa das *Profecias*. Antes, as profecias sempre foram publicadas em dois volumes distintos, um contendo as primeiras sete centúrias e o outro, as últimas três. Nesse mesmo ano, em Lion, Benoit Rigaud publicou num único volume todas as dez centúrias: surgiram as *Profecias* na forma que são conhecidas hoje[7]. As duas seções que compõem o livro apresentam duas enumerações de página separadas, o que nos leva a crer que o editor tenha simplesmente impresso composições tipográficas anteriores, reunidas depois num único volume.

Outra particularidade: de 1568 a 1588, as *Profecias* autênticas de Nostradamus foram publicadas apenas por Bonoit Rigaud em Lion, e, ao que parece, ele conseguiu obter e conservar os direitos exclusivos dessas edições. Apenas em 1568 apareceram oito edições Rigaud das *Profecias*: evidentemente, o editor autorizado pensava em usufruir plenamente de seu monopólio, mesmo que fosse apenas para impedir que o mercado deixasse espaço para edições clandestinas (RUZO, 1982, 257).

Rigaud tinha seu escritório em Lion, na esquina das ruas Mercière e Ferrandière. Sua abundante produção editorial continuou até sua morte (em 23 de março de 1597), depois da qual os filhos continuaram na imprensa com o nome de *Hérities de Benoist Rigaud* ("Heranças de Benoist Rigaud"). Por volta de 1600, um deles, Pierre, abriu uma casa editorial própria, à qual deu seu próprio nome (BENAZRA, 1990, 82).

Nostradamus publicou outras duas obras que nada têm a ver com profecias ou esoterismo. Uma trata de cosméticos e confeitaria; a outra é um texto erudito sobre o estudo da medicina.

Em 1555, o editor lionês Antoine Volant publicou o *Excellent & moult utile Opuscule à touts nécessaire, qui désirent avoir cognoissance de plusieurs exquises Receptes, divisé en deux parties. La premiere traicte de*

---

7. Ou seja, a composição do livro é a que conhecemos: o texto jamais teve nenhuma edição filológica científica até os recentes estudos de Pierre Brind'Amour (1993) e Anna Carlstedt (2005).

diverses façons de Fardements & Senteurs pour illustrer & embellir la face. La seconde nous monstre la façon & maniere de faire confitures de plusieurs sortes, tant en miel, que succre & vin cuit, le tout mis pas chapitres, comme est fait ample mention en la Table. Nouvellement composé par maistre Michel de Nostredame docteur en Medicine de la ville de Salon de Craux en Provence (id., 12).

O título longuíssimo é, via de regra, abreviado por *Traité des fardementes et confitures* (Tratado dos cosméticos e das confeitarias). O livro apresentava receitas para preparar cremes para o rosto e para as mãos, produtos de beleza, perfumes e essências. Na segunda parte, Nostradamus ensinava como produzir diversos tipos de confeitos. Atualmente, esse tipo de junção de cosméticos e marmeladas parece totalmente bizarro; mas no século XVI tudo o que dizia respeito ao corpo, como beleza e saúde, entrava no campo da medicina. No tratado, Nostradamus compilou fórmulas para clarear a pele, para tornar os lábios vermelhos e os cabelos louros ou ondulados, mas também receitas de medicamentos para prevenir-se de dezenas de doenças e pestes. O livro, que teve uma boa quantidade de edições, não tem nenhuma originalidade. Em nenhuma de suas obras, como o faz nessa, Nostradamus demonstra ser um homem de sua época. O *Traité*, portanto, é o único texto no qual o mago de Salon escreve alguma coisa sobre si mesmo; narra, por exemplo, suas peregrinações de juventude pela França meridional e fala sobre os médicos que encontrou em seu *tour* de formação em Marselha, Avignon e Montpellier.

O prefácio do livro data de abril de 1552; o livro foi impresso em 1555, o ano das *Profecias*, e não parece improvável que o sucesso de venda dessas esteja ligado à publicação de uma obra manual bem pouco original.

Um livro de pura erudição é o que Nostradamus publicou por intermédio do editor de Lion, Antoine du Rosne, em 1557: um livro de 69 páginas intitulado *Paraphrase de C. Galen sus l'exortation de Menodote aux estudes des bonnes Artz, mesmement Medicine: traduict de Latin en François par Michel Nostradamus*. É a tradução de uma obra na qual Galeno exorta ao estudo da medicina. O bibliógrafo do século XIX François Buget comentou deste modo essa obra menor do vidente:

67

Não consigo ver nessa tradução praticamente incompreensível, mesmo que me socorrendo do latim, mais que uma sequência de ofensas à gramática e ao bom senso, contradições feitas por puro prazer, e omissões que prejudicam a sequência lógica, com o evidente objetivo de irritar o leitor e de fazê-lo passar por tolo (id., 26).

Olrias de Cadenet, um doutor em Direito que leu o livro um pouco depois de sua publicação, enviou a Nostradamus uma carta em grego por meio da qual arrasava com sua tradução. O mago provençal respondeu irado: a enorme consideração que tinha por si mesmo seguramente não favorecia muito a autocrítica. De Cadenet respondeu, dessa vez em latim, e sua segunda carta, sem data, foi conservada, diferentemente do primeiro intercâmbio de cartas. O jurista se defende dizendo que só tinha comentado a tradução, não a ciência médica de Nostradamus. Não tinha a intenção de ofender o autor e não compreendia seu ressentimento. Mas nós, ao contrário, estamos começando a conhecer melhor a personalidade do *astrophile*, que tinha uma altíssima estima por si mesmo, beirando a arrogância.

Uma última observação, *en passant*. Ainda hoje, muitos creem que Nostradamus teria efetivamente previsto o mais remoto futuro, compreendendo ali o trem, o cinema, a energia atômica, a astronáutica. Mas por que não previu nada, absolutamente nada, sobre o progresso da medicina, e se manteve no nível das teorias fisiológicas, anatômicas e terapêuticas de Galeno, que viveu no século II d.C.?

Uma obra de Nostradamus, que ele não publicou em vida, é o *Orus Apollo*, cujo título completo no manuscrito conservado na Biblioteca Nacional da França, em Paris, é *Orus Apolo, fils d'Osiris, roi de Aegipte niliaque, des notes hiéroglyphiques livres deux, mis en rithme par épigrammes, oeuvre de incrédible et admirable érudition et antiquité, traduit par Michel Nostradamus de Saint-Remy-en-Provence* (LEROY, 1993, 145).

Em 1551, Jean Mercier publicara a versão greco-latina da obra de Orapollo, um escritor egípcio helenístico do século V d.C. que propunha uma tradução fantasiosa dos hieróglifos, que se acreditava ser não uma escrita, mas uma forma de simbolismo místico-esotérico.

Nostradamus traduziu em epigramas franceses o livro de Mercier, mas — como era seu costume — inseriu nele um pouco de tudo:

O prólogo continha cento e dezesseis versos que constituem muito curiosamente uma coletânea das maravilhas atribuídas às plantas e aos animais de Plínio, Aristóteles e outros autores antigos. O primeiro livro é seguido de quatro epigramas que o autor assegura ter traduzido de um antiquíssimo exemplar grego dos Druidas (ibid.).

A obra é dedicada à princesa de Navarra, Jeanne d'Albret, que se tornou rainha de Navarra em 1555; portanto, o livro de Nostradamus foi composto antes dessa data, pois o autor se dirige a ela não como soberana. Jeanne foi particularmente próxima dos protestantes; em 1560, se converteu oficialmente à religião reformada. Seu filho era Henrique, que tornou-se rei da França com o nome de Henrique IV.

3. Uma longa viagem ao mundo das profecias – Um exame das *Profecias*

O plágio de Nostradamus

Há centenas de livros que "interpretam" as *Profecias* de Nostradamus. No entanto, os ensaios que estudam as fontes podem ser contados nos dedos de uma mão.

Foi só muito recentemente que se considerou Nostradamus objeto de estudo documentado. Há poucos anos, apenas, o vidente de Salon é reconhecido como um homem de seu tempo, imerso na história e na cultura de seu presente, e, como qualquer outro intelectual de sua época, influenciado por ecos e sugestões que ele absorvia mais ou menos conscientemente.

Contudo, até pouco tempo atrás, Nostradamus — tendo sido evitado por historiadores e pesquisadores era monopólio de exegetas inconfiáveis que baseavam toda e qualquer especulação na certeza de que seu herói tivesse efetivamente previsto o futuro, portanto, toda e qualquer "interpretação" que eles fizessem não passava de busca, quase sempre forçada, de provas e verificações em sentido único. Durante séculos não se estudou Nostradamus: ele simplesmente era exaltado.

Não se procuravam as fontes culturais de Nostradamus por causa da suposta certeza de que ele não tivesse lançado mão delas, pois ele era diretamente inspirado pelo espírito divino, autor da história universal.

Esse estranho fenômeno, talvez único na história da cultura europeia, acabou impedindo todo tipo de análise mais séria sobre a obra do mago provençal.

Para seus inúmeros seguidores, Nostradamus não pode ser considerado uma manifestação absoluta: se mostrou como era, publicou suas previsões, desapareceu deixando sua mensagem, que atravessa os séculos iluminando-os. Esse tipo de comportamento é tipicamente religioso. No entanto, além de Nostradamus dever muito a seus contemporâneos, em alguns casos ele plagiou literalmente outros autores. A *Carta a César*, que abre a primeira edição das *Profecias* (1555), com a introdução à teoria das profecias, em seu aspecto mais conceitual, foi tomada em grande parte do *Compêndio de revelações* (1495) de frei Girolamo Savonarola. O plágio foi descoberto por um exegeta do século XIX, Henry Torné-Chavigny, que nem por isso foi destituído de sua fé nostradâmica. Stefano Dall'Aglio fez um estudo esclarecedor sobre aquilo que não hesitou em chamar de o "engano de Nostradamus" (DALL'AGLIO, 2003).

O plágio feito pelo profeta francês é realmente grosseiro. "O nosso Michel quase não se preocupava em pelo menos reformular as passagens do *Compêndio*, via de regra, limitando-se a traduções em que não se esforçava para dissimular os plágios de quem os fez" (id., 437).

O furto foi não apenas sensacional em seu atrevimento, como também culturalmente muito tosco, visto que Nostradamus copiava as palavras com as quais explicava "sua" teoria da profecia. Em suma, ele não copiava detalhes, mas elementos fundamentais daquilo que deveria ser o cerne de seu pensamento. É interessante descobrir que dezenas de devotos de Nostradamus tanto escreveram sobre essa teoria que, para eles, era uma demonstração da grandeza de seu tesouro. Na realidade, porém, eles estavam comentando ideias de Girolamo Savonarola!

Todavia, Nostradamus deixou de fora diversas partes importantes do texto de Savonarola em que o frade místico *refutava a astrologia*, enquanto o francês, nessas mesmas partes, declarava-a como a única arte de previsão lícita aceita pela Igreja.

O plágio já começa nas primeiras frases do texto, no ponto em que Nostradamus, ou será melhor dizer, Savonarola, explica suas dúvidas reiteradas em relação a decidir-se a publicar suas profecias (não vou traduzir o texto francês porque é precisamente igual ao texto italiano que o precede).

Savonarola
Muito embora desde há muito e de diversos modos, por inspiração divina, eu tenha predito muitas coisas futuras, e além disso, considerando a sentença de nosso Salvador Cristo Jesus que disse: *Nolite sanctum dare canibus nec mittatis margaritas vestras ante porcos, ne forte conculcent eas pedibus et, conversi, dirumpant vos* (id., 438).

Nostradamus
Combien que de long temps par plusieurs foys i'aye predict long temps aupara-vant ce que depuis est advenu & en particuliers regions, attribuant le tout estre faict par la vertu & inspiration divine [...] consyderant aussi la sentence du vray Sauveur: *Nolite sanctum dare canibus nec mittatis margaritas vestras ante porcos, ne forte conculcent eas pedibus et, conversi, dirumpant vos* (ibid.).

Como se vê, os dois textos são praticamente idênticos, inclusive a citação tirada do evangelho de Mateus 7,6.

Savonarola
Qui propheta dicitur hodie, vocabatur olim videns, profeta propriamente é considerado aquele que vê as coisas distantes do conhecimento natural de toda criatura; acontece que o profeta aprende ainda através do lume da profecia coisas diversas, as quais não estão distantes do conhecimento humano, porque aquele lume pode ser estendido a todas as coisas, tanto humanas quanto divinas (ibid.).

Nostradamus
Qui propheta dicitur hodie, vocabatur olim videns, car prophète proprement, mon filz, est celuy que voit choses loingtanes de la cognoissance naturelle de toute creature. Et cas advenant quel le prophète moyennant la parfaicte lumiere de la prophètie, luy appaire manifestement des choses divines comme humaines (ibid.).

Exceto a indicação ao filho, que obviamente não existe no texto de Savonarola, as duas passagens são iguais. O frade de Ferrara passa então a tratar dos limites cognitivos do intelecto, que, embora iluminado, não pode prever exatamente todo acontecimento ou toda variação dos eventos entre as infinitas possibilidades.

Savonarola
Sendo as causas indiferentes a produzi-las e não a produzir, o intelecto criado não pode ver a que parte essas causas irão inclinar-se (ibid.).

Nostradamus toma essa passagem e, na tradução, apenas acrescenta um pouco de seu estilo bombástico e asmático:

Nostradamus
Parquoy estans les causes indifferantes indifferentement produictes & non produictes, le presaige partie advient, ou a esté predit. Car l'entendement crée intelectuellement ne peult voir... en laquelle partie les causes futures se viendront à incliner (ibid.).

Frei Girolamo condena a astrologia. Nostradamus a absorve e a exalta, enquanto maldiz a magia:

Savonarola
[...] todas as artes divinatórias são reprovadas pelas Escrituras, e dos cânones, a principal das quais é a astrologia judicativa (id., 440).

Nostradamus
[...] la plus que execrable magie reprouvée jadis par les sacrées escriptures & par le divins canons, au chef du quel est excepté le jugement de l'astrologie judicielle (ibid.).

Depois de ter exposto observações astrológicas sobre eventos futuros, Nostradamus retoma literalmente uma passagem de Savonarola:

Savonarola
Algumas vezes, Deus propõe aos sensos externos, maximamente aos olhos, coisas significativas do que deve se manifestar (id., 441).

Nostradamus
[...] aucune fois Dieu le createur [...] vient à proposer aux sens exterieurs, mesmement à nos yeulx, les causes de future predictions significatrices du cas futur, qui se doibt à cellui qui presaige manifester (ibid.).

E quase já não nos surpreendemos em ver que a *Carta a César* se conclui com a imagem da "espada mortal" (*le mortel glaive*) que relembra a "espada do Senhor" (*gladius Domini*) de Savonarola: ambas, figurações ferozes da iminente ira divina.

Um outro plágio de Nostradamus

O famosíssimo autor das centúrias [...] colocou as seguintes palavras latinas no cabeçalho da centúria VII que caracterizam sua obra e a sua origem absolutamente inequívoca [...] É essa a advertência de Nostradamus que se deve ponderar seriamente, que denota uma admoestação severa e uma interpelação legal mais que ao simples leitor, ao que comenta suas profecias. Com isso, o vidente quis indicar e traçar para nós o valor sagrado, e não profano, de sua obra e de suas profecias, prevendo deturpações e falsas interpretações de suas centúrias, selando a própria obra com a mencionada caução legal contra os críticos ineptos (RISSAUT, 1948, VII-VIII).

Talvez seja verdade o que afirma P. Innocent Rissaut, um tanto incógnito, num livro publicado depois de Segunda Guerra Mundial; todavia é certo que a "caução" a que ele se refere não foi escrita por Nostradamus, mas por um humanista e erudito morto quando o vidente tinha apenas quatro anos de idade: o florentino Pietro Baldi del Riccio, que latinizou seu nome para Petrus Crinitus (Pietro Crinito).

A quadra latina, que foi publicada como a centésima da sexta centúria, é a seguinte:

Legis cantio contra ineptos criticos.
Quos legent hosce versus maturè censunto,
Profanum vulgus & inscium ne attrectato:
Omnesq. Astrologi, Blennis, Barbari procul sunto,
Qui liter facit, is rite sacer esto.
(NOSTRADAMUS, 1969b, 134)[1].

O texto de Petrus Crinitus conclui o último capítulo de sua obra *Commentarii de honesta disciplina*, publicada pela primeira vez em 1504, uma profusa coleção enciclopédica que varia, de um modo confuso, desde estudos sobre direito até hieróglifos egípcios.
A quadra de Crinitus é a seguinte:

---

[1]. "Canto da lei contra os críticos incapazes. / Que ligará esses versos valorizados profundamente, / não vos deite mão o vulgo profano e ignorante: / e todos os astrólogos, tolos, incultos, que fiquem longe: / quem fizer de outro modo que seja maldito."

Legis cautio contra ineptos criticos.
Quoi legent hosce libros mature censunto,
Profanum volgus et inscium ne attrectato;
Omnesque legulei, blenni, barbari procul sunto.
Qui aliter faxit, is rite sacer esto.
(CRINITUS, 1554, 391).

Com exceção de variações mínimas, os dois textos são idênticos. Resta destacar que Nostradamus indica os astrólogos entre aqueles que devem permanecer afastados de seus versos proféticos; é uma das inúmeras contradições do mago de Salon, que por muitas ocasiões elogiou a astrologia como a única chave para conhecer o futuro e, então, estranhamente, se lançou contra os astrólogos (talvez fosse uma pequena retaliação nos confrontos dos técnicos da astrologia que apontaram sem piedade seus inúmeros erros?).

Uma fonte de Nostradamus: Julius Obsequens

Nostradamus não foi apenas um plagiador. Como tantos autores antes e depois dele, acabou copiando alguma coisa de outros; mas fazia parte da maioria *normal* de autores, bem mais ampla, que absorveu e elaborou em suas obras temas, influências, sugestões que constituíam o material ideal, o laboratório cultural, o clima intelectual da época em que viviam.

Seria supérfluo afirmar tal coisa se estivéssemos tratando de um entre tantos filósofos e escritores renascentistas, mas em relação a Nostradamus é preciso especificar que foi um homem de seu século, e, como tal (homem, não super-homem ou semideus), em sua obra podem ser detectadas contribuições de outros; não se trata de plágios, mas de um fenômeno comum e até inevitável pelo qual o conhecimento não surge por uma iluminação súbita, sem raízes e sem razões, mas é o produto, jamais definitivo, de um percurso geralmente longo no qual o autor nunca está só e isolado.

Reconhecer as fontes culturais das *Profecias* não é um ato de ceticismo irreverente, mas, sim, dar a Nostradamus uma credibilidade e uma dignidade intelectual que lhe foram negadas pela mitologia.

O exame textual das centúrias revela o que esperaríamos encontrar em qualquer outra obra literária; também as quadras oraculares de Nostradamus têm fontes em que se inspiram e que deixaram traços, via de regra, bem visíveis.

Uma fonte importante que inspirou Nostradamus é o *Prodigiorum Liber*, o "Livro dos prodígios", de Julius Obsequens, na edição de Corrado Licostene.

Julius Obsequens foi um escritor da latinidade tardia que, muito provavelmente, lá pelo final do século IV d.C., coletou todos os testemunhos de fenômenos extraordinários, inquietantes, incompreensíveis, que se encontravam nos antigos anais romanos, sobretudo em Tito Lívio.

Segundo a mente místico-religiosa, tudo o que ultrapassava o curso normal da natureza era um *sinal*, uma *mensagem* concedida pela divindade aos mortais para anunciar eventos futuros (quase sempre, eventos atrozes, como guerras, carestias, epidemias). Ou então se tratava de *respostas*, de cuja interpretação sábia, sempre a partir de uma chave de leitura alegórica, se poderia extrair notícias sobre o futuro. Era por isso que os antigos cronistas romanos[2] registravam escrupulosamente todos os fatos prodigiosos; e é por isso que Nostradamus dedicou máxima consideração ao escritos de Julius Obsequens.

A obra de Julius Obsequens nos foi legada apenas parcialmente; ela teve início com os fatos que aconteceram a partir de 248 a.C., enquanto os fragmentos que temos hoje partem do ano 190 a.C. e chegam até o ano 2 a.C.

Corrado Licostene, versão clássica do seu verdadeiro nome, Konrad Wolffhart, erudito e teólogo alemão, publicou o texto latino acompanhado de suplementos nos quais recolhe também outros fatos extraordinários, extraindo-os de diversas crônicas antigas e contemporâneas (LUCHINO CHIONETTI, 1960).

O *Prodigiorum liber* é um bizarro catálogo de fenômenos extraordinários: esferas de fagulhas de fogo que voam ou caem por terra, sóis e luas que se multiplicam, animais que falam, chuvas de sangue, de terra

---

2. Mas isso se aplica também aos cronistas e aos historiadores dos séculos posteriores, até o estabelecimento da mente racional e experimental.

e de leite, montanhas que correm e se entrebatem, animais deformados e recém-nascidos monstruosos, armas, naves e exércitos que aparecem nos céus.

É natural que Nostradamus estivesse interessado no universo de Julius Obsequens; ambos consideravam o *extraordinário* como o profundo sentido autêntico da realidade e da história. Ambos acreditavam que uma vontade superior se comunicava com os humanos por meio do alfabeto alegórico dos *sinais*, que quanto mais espantosos tanto mais significativos.

Para Obsequens, um dos últimos autores pagãos, os prodígios eram a prova cabal de que a religião tradicional não mentira no passado e se conservava, portanto, protegida dos ataques do cristianismo que estava se impondo na sociedade. Os portentosos eventos, por séculos a fio, tinham sido a linguagem por meio da qual as divindades falaram aos humanos, indicando-lhes os caminhos da grandeza romana.

Nostradamus representou a contraparte cristã de tudo isso: a previsão dos prodígios era a *conjugação ao tempo futuro* da fé de Julius Obsequens: um código que, por intermédio de eventos grandiosos, permitia conhecer aquilo que Deus preparava para os homens poderosos (não para as massas, que para Nostradamus não têm história, a não ser como massa sobre a qual se imprime o querer dos reis, como um dedo plasma a cera).

Seguramente, o mago provençal conheceu o *Prodigiorum liberi*. Antes que Licostene publicasse na Basileia a edição que ele preparara (1552), já tinham sido publicadas catorze, a mais preciosa das quais é a do grande Aldo Manuzio, em Veneza, em 1508.

Em Lion, a cidade onde saiu a primeira edição das *Profecias*, Jean de Tournes publicou a versão em língua italiana, traduzida por Damiano Maraffi, do *De' prodigi* em 1554, o ano que precedeu a publicação do famoso livro de Nostradamus.

Contudo, para além dos comentários cronológicos, são os confrontos textuais que demonstram que o vidente utilizou a obra de Obsequens-Licosteno.

Vamos analisar a quadra III.21:

No Crustamim para o Mar Adriático
aparecerá um peixe horrendo,

com rosto humano e a cauda de peixe,
que se prenderá no anzol fora d'água.
(NOSTRADAMUS, 1984, 91)[3].

Como se vê, trata-se de uma das quadras em que Nostradamus profetiza o aparecimento de monstros, sinais de desventuras iminentes. O que significa "crustamim"? Jean-Charles De Fontbrune, um intérprete francês, nostradamiano fervoroso, autor de livros que tiveram um enorme sucesso de público vinte anos atrás, traduziu esses versos do seguinte modo: "Crustamim é a versão francesa de Crustumerium, nome latino de Palombara Sabina, uma comuna a cerca de trinta quilômetros a noroeste de Roma. Evidentemente Nostradamus serve-se dessa vila para indicar a capital italiana" (DE FONTBRUNE, 1997, 153). É curioso o uso do advérbio "evidentemente" aqui. Seria o caso de se perguntar por que razão Nostradamus teria utilizado somente esse topônimo para indicar Roma entre todas as comunas localizadas por volta de trinta quilômetros da capital. Também se poderia perguntar por que não escreveria simplesmente "Roma" para expressar Roma. Mas, nesse caso, os nostradamianos encontrariam muita facilidade para indicar as razões da obscuridade e do segredo esotérico.

O intérprete decifrou a quadra assim: "Vindo a Roma do Adriático, irá surgir um peixe horrível, com funções aquáticas, mas de criação humana (um submarino nuclear?), que será capturado com um estratagema" (ibid.).

Um intérprete italiano que há muito tempo é considerado máxima autoridade em Nostradamus na Itália, Renucio Boscolo, traduz claramente a profecia: "uma sereia mítica que irá demonstrar como as fábulas não são fábulas" (NOSTRADAMUS, 1979, 66). Enquanto explicação, precisamos admitir, nao é muito clara.

Innocent Rissaut, que já foi citado, propôs uma interpretação totalmente diferente:

> Depois de terem atravessado o Adriático, aparecerão ao pontífice aqueles pertencentes às igrejas cismáticas (um peixe horrível, meio homem), vindos do

---

3. "Au crustamin par mer Hadriatique / apparoistra un horride Poisson, / de face humain, & la fin acquatique, / qui se prendra dehors de l'ameçon."

Oriente, que, por fim (em seu retorno a Roma), retornarão à unidade da Igreja Romana (RISSAUT, 1948, 188).

Um antigo exegeta das *Profecias*, Anatole Le Pelletier, identificou "Crustamim" com *Crustumium*, que definiu como "rio dos Estados pontifícios que se lança no Mar Adriático" (NOSTRADAMUS, 1969b, 319). No *Prodigiorum liber*, no capítulo 63, lemos: "Na região de Crustumério, uma enorme pedra cai do céu no lago de Marte" (OBSEQUENS, 1720, 51).
No texto latino, a proximidade dos dois termos é ainda mais evidente:

Nostradamus
Au crustamin.

Obsequens-Licosteno
In agro Crustumino.

Note-se, por sua vez, que tanto em Obsequens quanto em Nostradamus o prodígio está ligado à água: peixe horrível na quadra, pedra no lago em Obsequens.
Outro peixe monstruoso aparece em I.29:

Quando o peixe terrestre e aquático
for trazido para o cascalho numa onda violenta,
sua estranha forma atraente e horrenda,
por mar, o inimigo logo atinge os muros.
(NOSTRADAMUS, 1984, 26)[4].

Em Obsequens (cap. 128), vamos encontrar uma imagem bem parecida:

Em Óstia um cardume de peixes foi abandonado no seco pelo fluxo e refluxo do mar (OBSEQUENS, 1720, 201).

Uma passagem do *Prodigiorum liber* (cap. 90) aparece quase literalmente em III.82, onde vamos reencontrar a mesma cena dramática.

---

4. "Quand le Poisson terrestre & aquatique / Par forte vague au gravier sera mis, / Sa forme estrange suave & horrifique, / Par mer aux murs bien tot les ennemies."

Obsequens-Licosteno

Na África aparecem enormes bandos de gafanhotos empurrados pelo vento no mar e despejados pelas ondas [...], levaram a peste entre os animais para Cirene e se espalharam, de modo que oitocentas mil pessoas foram exterminadas pela putrefação [das carniças dos animais] (id., 97-98).

Nostradamus

Os gafanhotos terra e mar e vento favorável:
as pessoas presas, assassinadas, amarradas, devastadas, sem lei de guerra (não em combate?)
(NOSTRADAMUS, 1984, 103)[5].

Em IV.48, vamos ler novamente sobre gafanhotos que transmitem a peste:

A Planura de Ausônia fértil, espaçosa,
produzirá mutucas e, assim, inúmeros gafanhotos,
a claridade solar tornar-se-á nebulosa,
roer tudo, grande peste virá deles.
(id., 118)[6].

Em Obsequens-Licosteno (cap. 67), descreve-se uma invasão de locustas parecida, e isso é tão enorme a ponto de obscurecer o Sol:

Toda a zona rural de Pontine foi coberta de nuvens de gafanhotos (OBSEQUENS, 1720, 54).

O outro empréstimo quase literal encontra-se em I.19:

E quando as serpentes virão a circundar o altar
(NOSTRADAMUS, 1984, 49)[7].

A imagem das serpentes que estão aos pés do altar aparece duas vezes no *Prodigium liber*, no capítulo 107 e no capítulo 116:

---

5. "Les sauterelles terre & mer vent propice, / prins, morts, trousses, pilles sans loy de guerre."
6. "Plannure Ausonne fertile, spacieuse / produira taons si trestant sauterelles: / clarté solaire deviendra nubileuse, / ronger le tout, grand peste venir d'elles."
7. "Lors que serpens viendront circuir l'are."

Frente ao templo de Apolo [...] foi encontrada uma serpente junto do altar (OBSEQUIENS, 1720, 139).

Enquanto Lúcio Cornélio Silas sacrificava no território de Nola, frente ao pretório, viu de repente uma serpente junto do altar (id., 168).

Os monstros humanos, porém, são bem frequentes nas *Profecias* (aparecem catorze vezes) e são numerosos também no *Prodigiorum liber*. Na quadra I.58 vamos encontrar um paralelo com o capítulo III de Obsequens-Licosteno:

Nostradamus
Rasgado o ventre, nascerá com duas cabeças
e quatro braços: por um ano inteiro talvez viva.
(NOSTRADAMUS, 1984, 57)[8].

Obsequens-Lacosteno
Uma menina nasceu morta com duas cabeças e quatro braços
(OBSEQUENS, 1720, 147).

Outro paralelo está em I.65 no capítulo 51:

Nostradamus
Menino sem mãos
(NOSTRADAMUS, 1984, 58)[9].

Obsequens-Licosteno
No Piceno nasce um menino sem mãos nem pés
(OBSEQUENS, 1720, 35);

e em I.64, nos capítulos 37, 46 e 73 há outro paralelo:

Nostradamus
Quando se verá o porco meio homem
(NOSTRADAMUS, 1984, 58)[10].

---

8. "Trenché le ventre, naistra avec deux testes, / et quattre bras: quelques ans entier vivra."
9. "Enfant sans mains."
10. "Quand le pourceau demy-homme on verra."

Obsequens-Licosteno
Entre os tarquínios nasce um porco com cabeça de homem (OBSEQUENS, 1720, 25).
Em Sinuessa nasce um porco com cabeça de homem (id., 31; anotação repetida no cap. 48).
Em Ceres, um porco nasce com mãos e pés humanos (id., 64).

Em duas quadras, aparece um recém-nascido já com dentes (e o caso é ainda mais inquietante, porque os dentes estão na garganta), o que vamos encontrar também no *Prodigium liber* (cap. 66):

Nostradamus
Entre muitos deportados às ilhas
um terá nascido com dois dentes na garganta
(NOSTRADAMUS, 1984, 67)[11].

O menino nascerá com dois dentes na garganta (id., 95)[12].

Obsequens-Licosteno
Em Ossino nasce uma menina já com dentes (OBSEQUENS, 1720, 53).

Atualmente, esses acontecimentos dramáticos são objeto de estudo da genética; no passado, eles representavam *alegorias vivas* perturbadoras, que eram interpretadas como um sinal que revelaria a mensagem da divindade por seu intermédio. Por exemplo, os recém-nascidos bicéfalos eram considerados prefigurações de cismas, divisões, secessões, dissensos.

Uma quadra particularmente obscura, I.87, teve seu momento de celebridade no momento do ataque às Torres Gêmeas, porque todos queriam ver prefigurado o terrível ato de guerra anômala do 11 de setembro de 2001:

Fogo *enosigeo* irrompendo do seio da terra
fará estremecer o solo nos arredores da nova cidade.
Duas grandes rochas guerreiam de há muito.

---

11. "Entre plusieurs aux isles deporté / l'un estre nay à deux dents à la gorge."
12. "L'enfant naistra à deux dents à la gorge."

Depois Aretusa tingirá de vermelho o novo rio (NOSTRADAMUS, 1984, 62)[13].

O aceno à "cidade nova" foi interpretado pelos nostradamianos como Nova York; as "duas grandes rochas" foram definidas como as imagens das duas Torres Gêmeas no World Trade Center, de Manhattan; o "fogo" (muito embora a quadra diga claramente que provém do seio da terra, e *enosigeo* significa "agitador da terra", apelativo do Deus Netuno que desencadeava os terremotos) foi prontamente associado às grandes explosões dos dois aviões que se chocaram nos arranha-céus. Em Obsequens-Licosteno (cap. 116), temos a cena que forneceu o material bruto da quadra de Nostradamus:

> No Modenese, dois montes corriam um contra o outro, chocando-se com grande estrondo, e ao retroceder, no meio dos dois, subiu aos céus uma chama entre a fumaça (OBSEQUENS, 1720, 168).

Uma outra quadra que provém do fantasmagórico catálogo de Obsequens-Licosteno (cap. 103) é a IV.43.

Nostradamus
Serão ouvidas no céu armas de combate
(NOSTRADAMUS, 1984, 117)[14].

Obsequens-Licosteno
Armas no céu foram vistas combatendo de dia e de noite, a oriente e a ocidente (OBSEQUENS, 1720, 121).

Essas referências, às vezes textuais, a uma fonte literária não seriam nada de excepcional em nenhum outro autor; no caso de Nostradamus, porém, são sublinhadas com atenção porque são uma prova de que o mago de Salon foi um escritor como tantos outros, e não um iluminado dotado de poderes transcendentais infalíveis. Nostradamus não teve visões deslumbrantes do futuro remoto, mas, muito mais simplesmen-

---
13. "Ennosigèe feu du centre de terre / fera trembler au tour de cité neufve: / deux grands rochiers long temps feront la guerre / pous Arethusa rougira nouveau fleuve."
14. "Seront oys au ciel les armes battre."

te, teve imaginações suscitadas por leituras de textos sugestivos. O que atribui ou não a esses livros uma espécie de conhecimento superior não tem para nós muita importância; o que devemos ter em conta é que, pela redação de suas profecias, Nostradamus serviu-se de obras alheias. A quadra II.41 retoma quase literalmente uma passagem de Obsequens (cap. 128):

Nostradamus
A grande estrela queimará por sete dias,
a nuvem fará aparecer dois sóis:
um grande mastim uivará toda noite,
quando o grande pontífice mudar de território
(NOSTRADAMUS, 1984, 74)[15].

Obsequens-Licosteno
Grande estrela [que] arde por sete dias [...]
Frente à casa do pontífice máximo Lépido foram ouvidos uivos de cães à noite; o maior desses, machucado, foi para Lépido um presságio de uma infâmia torpe (OBSEQUENS, 1720, 200-201).

No mesmo capítulo do *Prodigiorum liber* são registradas aparições de diversos sóis.

Dos quatro lagos que se falam nas *Profecias*, Léman, Trasimeno, Benaco e Fucino, o primeiro é o mais citado[16], e fica fácil de se compreenderem as razões: o lago é o Léman, mais conhecido como Lago de Genebra, era o mais próximo geográfica e culturalmente a Nostradamus. O lago suíço encontra-se perto da França, numa latitude um pouco mais a norte de Lion.

O lago de Benaco (II.73), isto é, o lago de Garda, era conhecido do vidente por intermédio de Virgílio, que o cita nas *Geórgicas* (II, 158-160) e na *Eneida* (X, 205-206).

Talvez Nostradamus tenha lido sobre o lago de Fucino (II.73), seguramente o menos popular entre os intelectuais franceses do século XVI, no capítulo 83 do *Prodigiorum liber*:

---
15. "La grand'estoile par sept iours bruslera, / nuée fera deux soleils apparoir: / le gros mastin toute nuit hurlera, / quand grand pontife changera de terroir."
16. Sete vezes: I.47, II.73, III.12, IX. 74, V.12, V. 85, VI.81.

O lago Fucino circundou toda a terra circunstante na extensão de cinquenta mil passos (id., 80).

Um empréstimo evidente de Obsequens (cap. 100) pode ser encontrado na quadra III.12:

Nostradamus
Pelo encorpar-se de Ebro, Pó, Tejo, Tibre Ródano,
e pela lagoa Léman e aretino:
os dois grandes chefes e cidades do Garona,
presos, mortos, afogados. Partir butim humano
(NOSTRADAMUS, 1984, 89)[17].

Obsequens-Licosteno
Muitos milhares de homens, com o encorpar-se do Pó, e da lagoa Aretino, se afogaram (OBSEQUENS, 1720, 112).

Uma fonte de Nostradamus: Charles Estienne

Existem algumas quadras nas quais convergem praticamente todas as interpretações daqueles que acreditam em Nostradamus, que as consideram como *provas seguras* da grandeza profética de seu herói.

A mais célebre é, sem dúvidas, a I.35, que anunciaria a morte de Henrique III, num duelo, em 30 de junho de 1559.

Também a IX.20 é uma das poucas decifradas com um sentido unívoco: nela, o vidente teria previsto a fuga de Luís XVI e sua captura em Varrenes (entre 20-21 de junho de 1791).

É importante lembrar que o rei da França Luís XVI e sua família eram de fato prisioneiros no Palácio das Tulherias, depois que a turba enraivecida os obrigou a abandonar Versalhes, em outubro de 1789, e a se estabelecer em Paris. O plano de fuga previa alcançar Montmédy de carruagem, nos confins orientais do reino, onde o rei e seus familiares estariam sob a proteção dos soldados fiéis à monarquia. Desde o exterior,

---

17. "Par la tumeur de Heb. Po, Tag. Timbres & Rosne / et par l'estang Leman & Aretin, / les deux gran chefs & cites de Garonne / prins, morts, noise. Partir humain butin."

o rei teria denunciado à Europa o governo revolucionário. Durante a viagem, organizada de maneira não muito precisa, houve atrasos e desencontros com esquadrões que deveriam ter feito a escolta da carruagem real; por fim, o rei acabou sendo reconhecido na cidadezinha de Varennes por um sujeito que soou o alarme e provou sua prisão. Luís XVI foi mandado de volta a Paris; para evitar as gravíssimas consequências de sua tentativa de fuga, a assembleia fez crer que o rei havia sido raptado. Nostradamus previu tudo isso?

"Essa quadra é tão extraordinária, segundo Bareste", escreve um nostradamiano italiano, "que só por essa se poderia colocar seu autor entre aqueles gênios extraordinários que admiramos, mas não compreendemos" (PATRIAN, 1981, 325).

Eis aqui a quadra extraordinária:

Pela noite virá pela floresta de Reines
duas partes vautorte Herne a pedra branca:
o monge negro em cinza em Varennes
eleito cap, causa tempestade, fogo sangue corte
(NOSTRADAMUS, 1969b, 185-186)[18].

Georges Dumézil ajudou a tornar famosa a quadra entre as pessoas cultas com um livro que tem como título o terceiro verso, *Le moyne noir en gris dedans Varennes* (DUMÉZIL, 1987). Nesse ensaio, que define uma *sotie nostradamique*, isto é, um "chiste satírico nostradâmico", Dumézil apresenta todas as pretensas verificações da profecia[19].

Vamos lançar um breve olhar sobre elas.

---

18. "De nuict viendra par la forest de Reines, / deus pars vaultorte Herne la pierre blanche. / Le moyne noir en gris dedans Varennes, / esleu cap cause tempeste, feu sang tranche."

19. Para Dumézil, a quadra IX.20 é tão excepcionalmente importante que ele sugere uma possível teoria para explicar o fenômeno, e o ensaísta chega a lançar a hipótese de uma espécie de telepatia entre os personagens do futuro e Nostradamus: "Através das sementes sucessivas dos descendentes de Henrique IV, primo de seus amados Valois, o cérebro de Nostradamus teria recebido informações dos neurônios adultos de um Luís XVI que devia esperar ainda mais de duzentos anos antes de vir ao mundo!" (DUMÉZIL, 1987, 84). Mesmo sendo fascinante como trama de um relato, essa pseudoteoria na verdade não explica nada e não faz nenhum sentido. É uma proposição e nada mais que isso, do tipo "Papai Noel mora no polo Norte".

Dumézil (ou melhor, o protagonista de seu chiste, Espopondie, um apreciador da poesia, da música, das artes) começa revelando uma grande falha em seu método exegético:

Ponto primeiro. Nenhuma cidade, nenhuma vila da França com o nome Varennes teve parte em nossa história, a não ser durante uma única noite de 1791, o burgo de Varennes-en-Argone, até então tão pouco conhecido, quando a notícia da prisão do rei chegou à Assembleia, a maioria dos deputados ignorava seu nome (id., 25).

Dado que o único fato histórico que aconteceu numa localidade francesa chamada Varennes é a prisão do rei Luís XVI em fuga, é natural que Nostradamus tenha falado desse topônimo e desse evento; assim afirma Dumézil, usando como explicação (a exata profecia confirmada) aquilo que se deve explicar.

"Vautorte" indicaria o percurso estabelecido para a fuga, que era tortuoso (id., 39); "Herne" seria quase um anagrama (?) de Fersen, isto é, Hans Axel von Fersen (1755-1810), um conde sueco muito devoto e talvez amante de Maria Antonieta, que foi o principal organizador da fuga. Mas seria quase que um anagrama (?) de *Reine*, ou seja, da rainha (id., 42). A expressão do monge negro em cinza "quase elucida a imagem, o próprio conceito de camuflagem, transforma em tragédia o inútil disfarce de 1791: Luís XVI já não é mais o mísero personagem do Louvre, ele já é o mártir consagrado sob o hábito cinza da viagem" (id., 34).

A "pedra branca" indica a "brancura da terra, a monotonia de gesso da Champagne" (id., 37).

"Eleito cap" seria a expressão com a qual o vidente indicaria Luís XVI: "cap" indicaria Capeto e "eleito" seria uma prerrogativa do rei constitucional. No entanto Luís XVI jamais reconheceu, nem em seu interrogatório no processo, de chamar-se Capeto. Assim como jamais foi eleito, mas já nasceu rei. Sem levar em conta, porém, que em todas as outras três ocorrências do vocábulo "cap" nas quadras[20] esse significa "capo" (chefe, cabeça) ou "capitão".

Note-se de passagem um fenômeno típico da pseudocrítica das quadras, uma contradição que parece não preocupar em nada os nostrada-

---

20. VII.37, IX.30, IX.64.

mianos: detalhes que têm uma clareza fotográfica, diríamos até de alta definição, são misturados com indicações confusas e incertas; nessa quadra, os fiéis encontraram até a definição do terreno sobre o qual viajou a carruagem, e também anagramas improváveis e incorretos (por que Nostradamus teria preferido um anagrama incorreto a um correto?). A ambiguidade está na natureza das profecias, porém mais ainda em suas "interpretações" fideístas.

Uma leitura racional da IX.20 talvez seja bem menos criativa e entusiasmante, mas pelo menos revela um fato concreto: nela, Nostradamus transferiu topônimos que lera num livro e não foram recebidos da inspiração divina. A fonte da IX.20 é uma página da *Guide des chemins de France*, escrita em 1552 por Charles Estienne, que foi médico, literato e editor em Paris.

A *Guide des chemins de France* foi o primeiro guia de estradas impresso na Europa; apresenta inúmeros itinerários nas regiões francesas. É uma longa lista de nomes de localidades, que não apresenta nenhum mapa topográfico, que vão se sucedendo de uma ponta a outra do percurso. Numa época em que viajar era um empreendimento cheio de incógnitas, um livro como o *Guia de Charles Estienne* era um acessório precioso para os viajantes, mas também uma leitura para os curiosos, um verdadeiro entretenimento. "O guia era um instrumento de informação indispensável numa época em que não havia nenhum outro modo de representação geográfica do território; muito rapidamente, teve usuários *no escritório*: cartógrafos (Mercator, por exemplo) ou autores de ficção narrativa" (LIAROUTZOS, 1986, 35).

Entre os usuários *en chambre* (nos escritórios) vamos encontrar um insuspeitável e ilustríssimo: Nostradamus.

Os topônimos presentes na IX.20 provêm *todos e na mesma ordem* do guia de Estienne. A Varennes de que se fala ali não é a do episódio histórico de 1791, mas uma das inúmeras Varennes da França que se encontra na atual região de Maine-et-Loire (id., 36). No guia de Charles Estienne lemos, na descrição do itinerário, "À Renes par Anger" (escrevo em itálico os topônimos que se encontram na IX.20):

A *Renes* [*Reines* in Nostradamus]
Mayenne la Iuzet

Sainct George
Vaultorte
Heruée [*Herne* in Nostradamus]
[...]
Renes
La pierre blanche
(id., 36).

Em outras ocasiões, Nostradamus utilizou os topônimos do *Guide* inserindo-os nas suas quadras. Não é possível saber se essa inserção foi algo planejado ou se ocorreu inconscientemente, como acontece de modo usual na criação poética. Seguindo o questionamento de Chantal Liaroutzos (id., 37-38), podemos ver que no primeiro verso da IX.56 — "campo junto a Noudam passará Goussan Vila"[21] — aparecem dois topônimos do *Guide*, um após o outro, como na profecia: Houdan (Noudam em Nostradamus) e Goussainville.

Duas quadras sucessivas, a IX.57 e a IX.58, apresentam amostras evidentes da obra de Estienne:

No lugar de Drux um rei repousará...

No lado esquerdo de Vitry
serão arrojados os três vermelhos da França,
todos mortos vermelhos, negro não assassinado.
Pelos Bretões posto a salvo.
(NOSTRADAMUS, 1969b, 193)[22].

No guia, no capítulo *La conté du Perche et du Maine* (O condado de Perche e do Maine) encontra-se a lista das localidades; em itálico, as que são encontradas por Nostradamus: *Houdan* (o vidente escreve Noudam), *Goussainville*, Marolles, Cerisy, *Dreux* (é o Drux de Nostradamus), Loigny, Vittry, *a costé gauche* (note-se que é a exata expressão

---

21. "Camp pres de Noudam passera Goussan ville."
22. IX.57: "Au lieu de Drux un Roy reposera"; IX.58: "Au costé gauche è l'endroit de Vitry / seront guettez les trois rouges de France / tous assomez rouges, noir non meurdry; par les Bretons remis en asseurance".

usada por Nostradamus), Brezolles, *Rouges maisons* (em Nostradamus, os três vermelhos).

"Aquilo que em Estienne não passa de uma localização geográfica", comenta Liaroutzos, "em Nostradamus toma uma repercussão que o contexto faz parecer misteriosa, mas fica difícil não ver aqui o uso, claro que original, do material apresentado por Estienne" (LIAROUTZOS, 1987, 38).

E ainda: "Toda a nona centúria vem caracterizada pela tendência, mais forte que em outras, de empregar os topônimos como elementos fundamentais de uma poética" (ibid.).

Morte pelo fogo ou fim pela água?

Em 1499, começou-se a falar do segundo (e último?) dilúvio universal, quando os astrônomos Johann Stoeffler e Jakob Pflaumen, ambos professores de Tübingen, publicaram o *Almanach nova plurimis annis venturis inserventia*. Nessa obra, que apresentava as efemérides até o ano de 1531, os dois autores previam, para o dia 20 de fevereiro de 1524, a aglomeração de todos os planetas conhecidos da constelação de Peixes, signo da água por excelência, e que tal fenômeno teria consequências catastróficas: "Em quase todo o mundo, sobrevirão, sem dúvida, mudanças, variações e alterações em todos os climas, reinos, províncias, estados, dignidades, aos brutos, às bestas marinhas e a todos os demais seres que vivem na Terra" (ZAMBELLI, 1982, 293).

A princípio, a previsão não foi motivo de muita inquietação: no fundo, faltavam ainda 25 anos para o desastre anunciado, e em todas as épocas a espécie humana parece incapaz de projetar para um futuro bem distante projetos sábios e as devidas precauções (basta pensar, entre os milhares de exemplos possíveis, no delírio de onipotência atômica que se propagou como uma peste entre as nações "desenvolvidas" entre as décadas de 1950 e 1960).

Com a aproximação da data fatídica, porém, o alarme começou a ser mais forte e abrangente. Além das vozes de mau agouro dos dois professores alemães, uniram-se ainda outras vozes, não menos sombrias:

"O preciso calendário astrológico de Nicolau Peranzone, publicado em Ancona em 1524, predizia o acontecimento dos eventos com precisão de minutos, com base nos tempos das conjunções. Foram previstas fortes chuvas para 2, 4 (e concomitantemente previram-se terremotos), 5, 15, 17 e 19 de fevereiro" (BARTKOWSKI, 1996, 67).

Em 1523, a preocupação se transformou em angústia, tanto que o Duque de Urbino encarregou Paulo de Midelburgo, o qual, além de bispo de Fossombrone, era também matemático e astrônomo, de fazer alguma coisa para tranquilizar as massas. O bispo Paulo escreveu um opúsculo, que teve duas edições no mesmo ano, onde demonstrava que não haveria nenhum dilúvio universal, nem mesmo local.

Contudo, se a ciência tranquilizava, a observação empírica fazia pressagiar o pior: junho e julho de 1523 foram os meses de verão mais chuvosos já registrados pelo homem na Itália, e isso parecia ser o início do fim.

Em 1522, o médico e astrólogo Tommaso Giannotti Rangoni publicara em Roma um opúsculo intitulado *De vera Diluvii Pronosticatione Anni MDXXIIII*, no qual confirmava seguramente o iminente "grandíssimo dilúvio, mas não tão grande como fora o de Noé" (GIANNOTTI, 1522, 24), causado por dezoito conjunções planetárias na constelação de peixes, previsto para fevereiro de 1524. Em seu livro, dedicado ao imperador Carlos V, Giannotti indicava os lugares que seriam mais atingidos pela inundação, de modo que "todos os homens e os que seguem a razão fiquem verdadeiramente livres de tanta calamidade e do terror" (id., 25). Assim, se deveriam evitar as "províncias que estavam sob o signo de Peixes: Britânia e Ânglia (Grã-Bretanha) e o Império Romano até Jerusalém e o Egito" (id.). As cidades com a influência de Peixes estavam destinadas a ser submersas: "Toledo, Brindisi, Pádua, Como, Reggio [Emília? Calábria? Ambas?], Modena, Treviso, Tolentino, Pisa, Camerino, Ragusa, Alexandria da Síria".

Ainda um médico astrólogo, o bolonhês Giacomo Pietramellara, que não acreditava no dilúvio próximo, escrevera no final de 1523: "Os planetas moverão [em 1524] a atmosfera e em alguns locais provocarão grandes chuvas que farão aumentar enormemente os rios. Mas não será como foi no tempo de Noé. Observai vós mesmos, cidades marítimas e habitantes próximos de lagos e açudes e grandes rios, para não sofrerdes com o ímpeto e o aumento das águas" (MALVEZZI, 1884, 448).

Os historiadores da época contam que, na espera do dia 20 de fevereiro de 1524, houve ondas de pânico coletivo: os mais ricos, como Blaise Auriol, presidente do Tribunal de Toulouse, mandaram construir grandes embarcações ao modo da Arca de Noé; os pobres buscaram refúgio nas alturas e na religião, alinhando-se em procissões que cantavam implorando o perdão divino.

As pessoas já não se casavam mais; os camponeses já não se arrebentavam de trabalhar a terra, pois dentro de pouco tempo essa estaria tomada por uma imensa inundação; os crimes aumentaram. Um século depois, ainda, Pierre Gassendi recordava o terror que se espalhara por toda a Europa.

Chegou o dia 20 de fevereiro de 1524 e não aconteceu nada: não houve dilúvio, e as chuvas não foram particularmente fortes. Inclusive, em algumas regiões, houve precipitações tão fracas que se temia, antes, a seca.

Essa falha clamorosa parecia ter decretado a morte da astrologia: "vejo a astrologia perdida", escreveu o literato Eustachio Celebrino em seu poema *La Dechiarazione perché non è venuto il diluvio del MDXXIIII*, onde fez chacota dos astrólogos que aterrorizaram o mundo com sua ignorância presunçosa. "E Pietro Aretino, para zombar dos preditos astrólogos, disse que, apesar de se ter previsto o dilúvio universal para o mês de fevereiro de 1524, nesse mês nem sequer surgiram nuvens no céu, e foi o mais sereno de todos os outros meses" (GRASSETTI, 1698, 183).

Sisto de Emminga, 59 anos depois do dilúvio que não ocorreu, em sua obra *Astrologiae ratione et experientia refutatae liber*, apontava a predição equivocada para demonstrar a falsidade das predições astrológicas.

O grande choque emotivo de 1524 foi, no fundo, o ponto mais baixo da credibilidade e da autoridade da astrologia e, sobretudo, fez despencar todo e qualquer interesse sobre o tema apocalíptico do dilúvio.

Para os astrólogos e escritores de profecias, o tema do "fim do mundo através da água", depois do grande erro de Stoeffler e seus seguidores, não podia mais ser apresentado, pelo menos até que a memória coletiva tivesse removido o fiasco de 1524.

Nas *Profecias* de Nostradamus, são poucas as indicações sobre o dilúvio futuro, e agora podemos compreender a razão. É significativo ver também que Nostradamus previu o fim do mundo numa imensa conflagração, um fogo desmedido em que iria convergir e extinguir-se toda a história e a espécie humana.

Basta recordar que existem só duas modalidades tradicionais da *finis mundi*: pela água e pelo fogo. Quem teria reproposto a ameaça esperada do dilúvio quando ainda não se havia esquecido o terror inútil propagado pelos astrólogos?

Depois de ter escapado do perigo do dilúvio de 1524, para não suscitar a ironia e a zombaria, não restava outra alternativa senão profetizar a morte do planeta pelo fogo.

Foi exatamente o que fez Nostradamus. Na *Carta a César*, que abria a primeira edição das *Profecias*, o vidente escreveu sem delongas que, "antes e depois da inundação, em muitos países, as chuvas serão tão raras e, do céu, irá cair uma tão grande quantidade de fogo e de pedras incandescentes que não restará nada que não seja consumido, e isso será por breve tempo e antes da última conflagração" (NOSTRADAMUS, 1984, 41). É evidente que o fim do mundo, para Nostradamus, seria causado por um incêndio universal.

Também na *Carta a Henrique II*, o profeta de Salon afirma que o fim virá numa "grande conflagração" (NOSTRADAMUS, 1969b, 159).

Nas *Profecias*, o termo "dilúvio" aparece dez vezes (uma das quais aparece no plural, *deluges*, em I.17). "Chuva" (*plui, pluye, pluyes*) aparece doze vezes. "Fogo" (*feu*) aparece 69 vezes; "fulgor" (*foudre, foudres, fouldre*), treze vezes. No total, os vocábulos *aquáticos* somam 22, os *ígneos*, 82: quase quatro vezes mais abundantes.

A palavra "fogo" é uma das poucas que aparecem mais que uma vez numa mesma quadra (duas vezes em II.91, V.8, IX.9, e três vezes em V.100).

São inúmeras as quadras (dezoito) em que se fala de "fogo do céu"[23]. Pode-se afirmar que as *Profecias* emitem brilhos de chamas, vibrando

---

23. I.26, II.16, II.51, II.76, II.96, III.6, III.7, III.44, IV.35, IV.54, IV.99, IV.100, V.98, V.100, VI.97, VIII.10, IX,19.

na luz convulsiva do raio. O mundo futuro tracejado por Nostradamus é ressequido e caliginoso; o fogo e o fulgor não são apenas fenômenos naturais, são, antes, a cifra, o sinal cegante e severo de uma condição existencial coletiva de sofrimento e desespero.

O tempo de Marte e de Saturno

Vimos que Nostradamus não era um verdadeiro astrólogo, muito embora declarasse ser, lançando elogios rasgados à astrologia. Ele jamais aplicou a técnica astrológica ortodoxa, e se deve concluir que, para ele, a astrologia não passava de um código de comunicação, um sistema alegórico para dar forma a suas visões de futuro. Visto que não poderá ser a doutrina astrológica renascentista o que nos guia na análise das *Profecias*, se faz necessário examiná-las e estudá-las a partir de seu *interior*, isto é, procurando reconstruir o pensamento que forma sua base e que as estruturou do modo como nos foram legadas pelo autor. É preciso, no fundo, procurar um princípio provável que esteja em sua origem, e o exame quantitativo é o único possível quando se lida com um material tão escorregadio, ambíguo e obscuro como são as centúrias do vidente provençal.

Nostradamus pode realmente ter lançado mão de sua versão especial da astrologia, e nós só podemos analisar o resultado final de suas especulações. Quando se procura decifrar uma língua desconhecida, o primeiro passo é o estudo da frequência dos sinais. É isso o que vamos fazer com *As profecias*, das quais não sabemos o princípio que rege a disposição das quadras, a tão procurada *chave de Nostradamus* (supondo que exista). Nesse exame exclusivamente quantitativo das *Profecias*, a análise dos nomes dos planetas é o principal modo de abordagem. Os planetas são os protagonistas indispensáveis de toda e qualquer previsão astrológica (seja qual for a escola de pensamento a que pertencem), e, como quer que Nostradamus os tenha considerado, *devem aparecer* nas predições astrológicas: mas com que critério? Teoricamente, eles deveriam aparecer todos com uma frequência praticamente igual, visto que todos os planetas desencadeiam seus efeitos sobre a Terra, plasmando o futuro. Nenhum astrólogo jamais poderá ignorar, se descuidar de ou subvalorizar um único planeta que seja, pois, assim, sua previsão seria incompleta.

Vejamos *em que medida* os planetas se fazem presente nas *Profecias*. Foram cotejados apenas os nomes dos planetas, e não os nomes mitológicos correspondentes. *Mars* (Marte), 34 ocorrências; *Saturne* (Saturno), 25 ocorrências; *Venus* (Vênus), 12 ocorrências; *Mercure* (Mercúrio), 9 ocorrências; *Iupiter* (Júpiter), 9 ocorrências[24]. Não vou levar em conta os dois luminares, o Sol e a Lua, que eram considerados planetas, porque Nostradamus emprega-os para determinar o tempo e os eventos naturais.

O que logo chama a atenção é a diferença notável de referência entre um planeta e outro. Marte é o mais citado dos planetas (39% do total das citações), seguido de Saturno (26%); depois vem Vênus (13%) e, mais afastados, Mercúrio e Júpiter (10%), que aparecem nas *Profecias* praticamente quatro vezes menos do que Marte.

Por que essas diferenças evidentes? Por que nas *Profecias* (que, vamos lembrar, afirmam descrever o futuro do mundo) o planeta Marte *age* muito mais do que Júpiter e Mercúrio?

Marte e Saturno, os primeiros atores na saga nostradamiana, desde a remota Antiguidade são considerados planetas maléficos, com influxos nefastos e sempre danosos, qualquer que seja sua posição no céu e em relação aos demais astros.

Guido Bonatti, o maior teórico da astrologia medieval ocidental, em seu *De astronomia*, fala de Marte do seguinte modo: "Ele revela viagens, pois nas viagens acontecem aos viajantes muitas inconveniências e angústias, roubos, incidentes infelizes e coisas do gênero" (BONATTI, 1550, 99). Marte, como ascendente, difunde sobre a Terra "o cárcere, os

---

24. Marte: I.15, I.83, II.48, III.3, III.16, III.32, IV.33, IV.67, IV.84, IV.97, IV.100, V.14, V.23, V.25, V.42, V.59, V.91, Vi.4, Vi.24, VI.25, VI.35, VI.50, VI.59, VII,2, VIII.2, VIII.46,VIII.48, VIII.49, VII.85, IX.55, IX.63, IX.73, X.67, X.71. Saturno: I.16 (aqui, *falux*, "foice", o símbolo de Saturno), I.51, I.54 (aqui, *malin falcigere*, "maligno portador de foices"), I.83, II.48, II.65, III.92, III.96, IV.67, IV.86, V.11, V.14, V.24, V.62, V.87, V.91, VI.4, VIII.29, VIII.48, VIII.49, IX.44, IX.72, IX.73, X.50, X.67. Vênus: IV.28, IX.33 (aqui duas vezes) IV.68, IV.84, IV.97, V.11, V.24, V.25, V.53, V.72, X.67. Mercúrio: II.65, III.3, IX.28, IX.29, IX,97, V.93, IX.55. IX.73, X.67. Júpiter: I.51, II.98 (aqui, *tonant*, "trovão", apelativo de Júpiter), IV.33, V.24, VI.35, VII.48, VIII.49, IX.55, X.67.

assassinatos, as mutilações" (id., col. 512), de acordo com as casas em que se encontra.

Saturno também é inimigo da humanidade:

> Significa pesadume do corpo, lentidão, dificuldade e aflição da mente, maquinações malvadas e substrato dos mortos produzido por sua putrefação, pais, ancestrais e irmãos mais velhos, servos e eunucos e outras pessoas de condição miserável (id., col. 99).

Saturno no ascendente alcança seu máximo poder destrutivo: "significa dano para aquela região que está sob sua revolução, junto a pestilências e doenças, morte, carestias e grandes destruições produzidas pelos ventos" (id., col. 511).

Júpiter, ao contrário, é um soberano generoso e benévolo que, do céu, distribui gentilmente dons e bênçãos que sobretudo no passado traziam um alívio precioso: "Significa disposição feliz do ano em que ele domina, haverá paz e segurança, e, mais do que o usual, boa vontade entre os homens daquela região; será propício para os ricos e poderosos da região, e seus negócios aumentarão e prosperarão" (ibid.).

Nostradamus fala muito mais de Marte e Saturno do que dos demais planetas, e no âmbito astrológico isso não é correto, porque num horóscopo todos os planetas devem ser levados em consideração, visto que cada um deles, mesmo em sua relação com todos os demais, tem uma função muito precisa. No entanto as *Profecias*, ao contrário, estão superlotadas de referências a Saturno e Marte; mas por quê?

Porque esses planetas representam guerra, morte, epidemia, fome: as características do futuro, segundo Nostradamus. Ele usa Saturno e Marte como dois símbolos do devir, uma era trágica, lutuosa, cujo *sentido* vem indicado pelas qualidades terríveis de Saturno e Marte. Em Nostradamus, o procedimento astrológico é invertido, ele não deduz o futuro dos movimentos dos planetas, mas escolhe como epicentros do devir aqueles planetas (Marte e Saturno) cujos efeitos são nocivos.

Todavia, esses planetas não são tanto as causas de um futuro terrível, mas, sim, os símbolos desse futuro, visto que o futuro que Nostradamus retrata no afresco sombrio dos séculos é um tempo de aflição e de dor universal.

O substantivo mais mencionado nas *Profecias* é *mort* ("morte", "morto"): aparece 115 vezes. E o segundo é *sang* ("sangue"): Nostradamus registra-o 102 vezes.

No mundo da morte e do sangue, não há lugar para o benéfico Júpiter, e a voluptuosa Vênus, que favorece o amor, a arte e a procriação, será subjugada por um Marte furioso e pelo pestilento Saturno, "o portador maligno de foices" (assim o descreve Nostradamus em I.54).

Um zodíaco poético

Também as constelações zodiacais presentes nas centúrias demonstram uma particularidade curiosa.

Vejamos, antes de tudo, as ocorrências dos signos do zodíaco nas *Profecias*: *Aries* (Áries), 4; *Taurus* (Touro), 5; Gêmeos, 1 (muito dúbia); *Cancer* (Câncer), 7 (das quais 4 apenas na centúria VI); *Leo* (Leão), 9 (das quais uma é dúbia); *Vierge* (Virgem), 3; *Balance* (Libra), 7 (das quais uma é dúbia); *Scorpion* (Escorpião), 1; *Sagittaire* (Sagitário), 5 (das quais 3 na centúria II); *Capricorne* (Capricórnio), 3; *Verseau* (Aquário), 4; *Poissson* (Peixes), 1[25].

Também nessa lista se observa a frequência diversa com que são citados os signos; e, no entanto, teoricamente, deveriam constar, de maneira bastante homogênea, que todos os signos do zodíaco são igualmente importantes numa previsão astrológica. Então, por que alguns signos são raros e outros são abundantes?

---

25. Áries: I.51, III.57, III.77, VI.35. Touro: I.28, VI.35, VIII.49 (aqui, *boeuf*, "boi"), IX.83, X.67 (aqui: *boeuf*). Gêmeos: a única possível referência a Gêmeos, todavia incerta, está na quadra II.90, onde aparecem *Castor* e *Pollux*, os dois gêmeos da constelação, mas o contexto da quadra não parece confirmar que os dois personagens mitológicos estejam ali em perspectiva astrológica. Câncer: V.98, VI.4, VI.6, VI.24, VI.35, VIII.48, X.67. Leão: I.31, II.98, III.96, V.14, V.91, VI.4, VI.4, VI.35, VIII.1, IX.19. Virgem: III.44, VI.35, X.67 (aqui, *nonnay*, "monja" e, portanto, virgem). Libra: I.28, II.81, IV.50 (nessas três quadras, *Libra*, em latim), IV.96, V.41, V.61, V.70. Escorpião: I.51. Sagitário: I.16, II.35, II.48 (nessas duas quadras, *Arq. Arquitenens*, "Sagitário"), II.65 (aqui, *Arc*, o arco esticado do Sagitário), VIII.49 (aqui, *fleiche*, a "flecha", outro símbolo de Sagitário). Capricórnio: II.35, X.67 (nessas duas quadras, *Caper*, em latim), VI.1. Aquário: VI.51 (aqui, *urne*, o vaso, símbolo de Aquário), VIII.49 (aqui, *eau*, "água"), IX.73 (aqui, *hurne*), X.50 (aqui, *lurne*). Peixes: II.48.

A explicação está na métrica. As quadras de Nostradamus estão em decassílabos; vocábulos com muitas sílabas ocupam grande parte do verso, enquanto palavras com poucas sílabas deixam espaço para outras expressões. *Leo*, isto é, Leão, é um vocábulo de duas sílabas métricas que pode ser utilizado com as oito restantes no mesmo verso. Eis a razão por que Leão é a constelação mais citada. E para demonstrar que Nostradamus se servia de vocábulos breves, observe que, para indicar aquário (*Verseau*), ele usa imagens alegóricas: *urne* e *eau*, que continham no máximo duas sílabas métricas.

Nesse caso, a natureza das profecias se apresenta certamente como poema. Aqui, mais que em qualquer outro lugar, Nostradamus é mais poeta do que vidente.

O típico decassílabo nostradamiano tem uma interrupção depois da quarta sílaba, que precede as seis sílabas seguintes (CARLSTEDT, 2005, 43); portanto, os vocábulos deviam ser escolhidos de acordo com seu comprimento, uma exigência técnica comum a todos os poetas da época (e, ademais, supondo que se quisesse escrever segundo as regras da métrica).

Como em qualquer outro poema clássico, vemos que nas *Profecias* de Nostradamus existem fórmulas e epítetos recorrentes; por exemplo, nas seis vezes em que aparece o nome de *Neptune*, "Netuno", o deus mitológico dos mares, em três vezes, vem acompanhado pelo adjetivo *grand*, "grande": em II.59, II.78 e III.1. As quadras VIII.38 e VIII.52 iniciam com o mesmo verso (*Le Roy de Bloys dans Avignon regner*); assim como as quadras I.35 e VI.77 apresentam o mesmo hemistíquio (*Deux classes une*).

Tudo isso, porém, seguramente não significa que o vidente tenha escrito apenas dentro das regras da versificação, mas, sim, mostra que Nostradamus devia conciliar matéria e forma, exigência da visão profética e estrutura da expressão literária, sentindo-se obrigado a conter, delimitar e talvez recortar o fluxo das ideias e das imagens dentro da grade de sílabas e acentos do decassílabo. Esse fato — completamente ignorado pelos devotos do mago de Salon — precisa ser relembrado toda vez que se procura decifrar as quadras: no entanto, em geral, acaba-se atribuindo uma importância decisiva aos pequenos detalhes sem considerar que talvez aquela palavra, aquela abreviatura, aquele neologismo tenham sido escritos por Nostradamus por necessidade imposta pela métrica.

Os cometas da segunda centúria

Lugar da perfeição e da imutabilidade, o céu dos antigos foi por milênios o mundo da divindade, da regularidade serena, das harmonias sublimes de ciclos perenes. No céu, uma variação não representava senão decaimento e corrupção. Todo e qualquer *imprevisto* era um sinal assustador que prenunciava catástrofes. Era muito raro, mas acontecia de algum objeto extraordinário irromper no grande cosmo e, por seu aspecto insólito, pela luz e pela cor nunca antes vistas, por seu movimento desconhecido, bagunçar a vida dos humanos, ligada à vida dos astros.

No passado, os cometas foram os *monstros* mais temíveis não só no sentido originário da palavra latina (*monstrum*, prodígio excepcional que adverte os homens sobre intentos divinos), mas também como corpo natural terrível e ameaçador, um enorme dragão de fogo nos céus que traz guerras, secas, terremotos e epidemias.

Durante séculos, as grandes tragédias da história de alguns homens foram ligadas aos fenômenos dos cometas. Todos os catálogos de cometas, que se multiplicam a partir do século XVI com os primeiros inventários sistemáticos de Eber em 1549, de Licosteno em 1550, de Arécio em 1556, Garcée em 1568, representam ao mesmo tempo uma antologia de todos os flagelos que atingem a humanidade. [...] Do ano 1000 até o século XVI, todos, inclusive os astrônomos, são unânimes em afirmar que o cometa é um sinal, via de regra, funesto e perigoso (HOMET, 1985, 86-87).

Um exemplo entre os muitos possíveis: "depois que os latinos foram expulsos de Constantinopla", escreve o historiador Acominato Niceta Coniate a respeito do cometa de 1182, "é possível ver um prognóstico dos furores e dos delitos a que se devia abandonar Andrônico. Surge no céu um cometa parecido com uma serpente tortuosa; uma vez, esse cometa se esticava, outra, se dobrava sobre si mesmo; provocando grande medo nos espectadores, ele abria uma grande garganta; se dizia que, ávido de sangue humano, era um modo de saciar-se" (FLAMMARION, 1887, 574). Com sua terrificante aparição, o cometa *antecipa* eventos dramáticos. Nesse sentido, temos um testemunho interessante de um almanaque astrológico muito difundido, que surgiu no século XVII, o *Almanacco perpetuo di Rutilio Benincasa*, que, de certo modo, reúne e compendia as certezas dos séculos anteriores: "Quando é visto com a cor preta, ou verde ou vermelha, o cometa indica um terremoto. Quando percorre o céu com sua cauda comprida, o cometa prenuncia esterilidade e carestia de frutas. O cometa chamado de Veru, que tem um aspecto horrível, e anda com o Sol, aparece de dia e, quando aparece, representa bonança e escassez na colheita" (BENINCASA, 1661, 202).

Durante sua vida, Nostradamus viu — ou ouviu falar de — pelo menos quatro grandes cometas: o de 1528, que Ambroise Paré, em seu *Monstres celestes*, descreve como um aglomerado de punhais, espadas, vultos barbudos arreganhados; depois o de 1531, que hoje é conhecido como cometa Halley e que se tornou visível entre 1º de agosto e 8 de setembro daquele ano; o cometa de 1533, que navegou pela constelação de Perseu e ao qual se atribuiu o incêndio que devastou a cidade de Münster; por fim, o grande cometa de março de 1556, também chamado de cometa de Carlos V, visto que o imperador considerou aquele corpo celeste uma mensagem pessoal do altíssimo que confirmava sua intenção de retirar-se a um mosteiro.

Nas *Profecias*, os cometas aparecem raramente.

No *mare magnum* do futuro previsto, Nostradamus só indica cinco vezes[26] os "astros de cabelos compridos", como assim eram realmente chamados — *stellae cometae* — esses corpos celestes que os antigos, e Nostradamus também, consideravam esferas gigantescas de fogo acompanhadas de uma trilha luminosa.

---

26. *Estoyle chevelue* ("estrela com cabelo"): II.43, VI.6; *comete* ("cometa"): II.62; *astre crinite* ("astro crinito"): II.15. Na primeira edição das *Profecias* (1555) essa quadra traz erroneamente o número 14, que deveria ser, de fato, o número sucessivo e realmente foi impressa abaixo do número 15 nas edições subsequentes; *Flambeau ardente au ciel* ("chama ardente no céu"): II.96.

Entre as cinco ocorrências, quatro encontram-se já na primeira centúria. Não é de surpreender esse baixo interesse de Nostradamus pelos cometas. Ele sabia muito bem que os cometas eram imprevisíveis; portanto, a astrologia (o método ao qual ele atribuía *oficial e publicamente* suas visões do futuro) não estava em condições de calcular quando estes apareciam. Enfim, declarando sua confiança na astrologia, Nostradamus deveria renunciar aos cometas como protagonistas de sua epopeia futura. Em seu sistema profético, o vidente inverte o percurso da previsão astrológica: não parte da causa astral para o efeito terreno, mas, tomando como base o evento profetizado, escolhe qual é o evento cósmico que pode melhor representá-lo ou pré-anunciá-lo. Em Nostradamus, os astros são apenas *símbolos*, e não *causas eficientes*. Os cometas são sinônimos de calamidades, e nisso Nostradamus segue simplesmente as crenças de sua época; mas, visto que eles não são incluídos nas efemérides astrológicas, ele não pode lançar mão deles em suas *Profecias*.

Uma última coisa: as indicações referentes aos cometas estão quase todas na segunda centúria; isso parece se explicar mais através dos núcleos temáticos próprios da criação poética do que com a criptografia. Na verdade, não parece plausível que todos os cometas preditos por Nostradamus devam aparecer apenas num curto espaço de tempo, um próximo do outro.

A oficina das *Profecias*

Vimos que as *Profecias* não foram publicadas todas numa única ocasião; elas apareceram em três edições sucessivas, cada uma das quais era aumentada de quadras com relação às precedentes, até chegar a completar a arquitetura de dez centúrias com a edição de 1558. *As profecias* têm, portanto, uma história interna que é de suma importância para conhecer a estrutura e, sobretudo, sua gênese.

Para uma análise objetiva das *Profecias* devemos examinar não o sentido que elas teriam: é evidente que qualquer interpretação (com exceção de casos particulares) é mais ou menos arbitrária e não confiável. São só elementos objetivos que podem servir para o estudo, por isso o significado das quadras não nos interessa muito agora. Voltemos antes nossa atenção a elementos que, seja lá que significados possam ter, são, porém, reconhecíveis: vamos examinar, portanto, os topônimos, os nomes próprios pessoais, os nomes mitológicos, vamos estudar apenas o que é certo: sua localização dentro do *corpus* nostradamiano para ver a que resultados podemos chegar. Repito-o ainda: não queremos fazer conjecturas sobre prováveis significados das profecias, mas vamos traçar uma espécie de mapa das ocorrências, ou seja, onde aparece tal palavra, com que frequência. Trata-se, no fundo, de construir uma grade cronológica que mostre *quando Nostradamus escreveu o quê*. Trata-se apenas da análise (quantitativa) que possa conduzir a conclusões consistentes.

Vamos começar com os topônimos. Com base na tabela apresentada no *Apêndice* é possível fazer algumas considerações.

1. O mundo sobre o qual se fala nas *Profecias* (que seria, portanto, "o mundo do futuro") é uma ilustração do mundo de Nostradamus. Os topônimos mais numerosos são os de cidades e localidades que, na metade do século XVI, eram protagonistas da história europeia.

A geografia de Nostradamus, que se imaginava por meio de mapas ideais de todos os nomes de lugares que ele cita, nos deixa entrever três territórios privilegiados (exemplares?): a Itália das guerras francesas; o Noroeste da França, com suas excursões militares para Flandres e para a Holanda; a Ocitânia — a Guiena, em particular —, palco de acerto de contas, como os Pireneus o são para incursões incessantes provindas de muçulmanos vindos da Espanha (CLEBERT, 1981, 26).

Não é de admirar que a França se faça presente tão intensamente assim: 32 vezes é citada como *France* e 16 como *Gaule*, sem contar as formas adjetivas. É o reino em que vive o mestre Michel e obviamente é a protagonista do poema temporal que mais interessa a ele e a todos os seus leitores. Contudo, logo depois, com abundância de citações (26 ao todo), segue-se a Espanha, que na época era o centro da história, mas que séculos antes já assumira a função que teve o século de ouro. Quando Nostradamus escrevia as suas quadras, França e Espanha eram duas potências mundiais, e tudo levava a crer que teriam continuado a sê-lo mesmo no remoto futuro. Como todos sabem, a história mundial teve um curso bem diferente.

São inúmeras as referências a cidades que faziam parte da experiência pessoal e da memória de Nostradamus, cidades como Lion e Narbone (doze citações cada uma) e Toulouse (dez citações, das quais oito são da terceira seção) são importantes na biografia do profeta, mas seguramente não são do ponto de vista histórico mais importantes do que Paris, que é citada apenas nove vezes nas centúrias. Nostradamus se encontrava em Narbone em 1525, quando se deu um surto de epidemia de peste; em 1538, um inquisidor do tribunal de Toulouse, Louis de Rochet, convocou Nostradamus logo após a denúncia de dois franciscanos que, quatro anos antes, o ouviram falar contra a veneração das imagens sagradas; em 1547, ele, médico, e não ainda profeta, tentou — com os recursos terapêuticos da época — conter a pestilência que devastava Lion.

Tunes (*Thunes, Tunys*) aparece seis vezes, e Viena é citada menos do que ela, portanto, nos quase cinco séculos que se passaram desde a publicação das *Profecias*, não fora o epicentro da história mundial. Mas quando Nostradamus estava escrevendo as *Profecias*, ainda tinha tudo vivo na mente da conquista dos tunisianos por parte de Carlos V, no verão de 1535, quando o imperador conseguiu derrogar, numa campanha militar épica, o temidíssimo Khair-ad-Din, o Barba-Ruiva, chefe dos piratas mouriscos e amigo de Francisco I, e colocar Tunes sob uma espécie de protetorado augsburgo (GOTOR, 2002).

Destaque-se que *Aenobarbe*, literalmente "barba de bronze", ou seja, barba-ruiva, é uma figura que aparece em I.74 (como *Barbe d'airain*), V.45 e V.59.

Um nome misterioso que aparece diversas vezes nas centúrias é *Mansol/Mausol/Mauseole*: os devotos de Nostradamus interpretaram-no das mais bizarras maneiras; está muito em voga a fantasia pela qual o termo seria um neologismo que o profeta trouxe do latino *mansol*, ou seja, *manens solus*, o que está sozinho por excelência, o homem mais famoso que renuncia à família: o papa.

Mansol é, porém, um termo inventado pelo pirotécnico mago de Salon, sendo a tradução fantasiosa de uma lembrança sua quando era jovem. Junto de Saint-Rémy-de-Provence encontra-se a localidade de Saint-Paul-de-Mausole (*Pol mensolee* em VIII.46; *saint Pol de Mauseole* em IX.85; *Pol Mansol* em X.29), na qual a lenda conta que teria sido enterrada uma cabra de ouro junto ao mausoléu de Sisto, Marco e Lúcio Júlio naquela que era a cidade romana de Glanum e que ainda existe, um ponto turístico muito bonito. Entre parênteses: no manicômio de Saint-Paul-de-Mausole foi hospedado Vincent van Gogh em 1889. Nostradamus não previu isso.

São muito citadas também cidades italianas que, na época de Nostradamus, eram muito importantes: Gênova (*Gennes*) aparece dezesseis vezes, quase tanto quanto Roma (19 ocorrências), e, para compreender toda a importância que lhe atribui Nostradamus, basta lembrar que a cidade ligúria era duramente disputada entre Carlos V e Francisco I. Quando se publicaram as *Profecias*, Andrea Doria, o líder senhor de Gênova, combatia em favor do imperador contra os franceses, depois de ter sido aliado do rei Francisco I.

Ravena aparece em seis quadras[27]: essa significativa presença se justifica não só pelo papel que desempenhava essa cidade da Romagna durante três séculos como capital do Império Romano do Ocidente, do reino ostrogodo e do exarcado bizantino, mas também pelo fato de que, na Páscoa de 1512, ela foi o palco de uma tremenda e famosa batalha entre imperialistas que acabaram derrotados e franceses que, apesar de vitoriosos, tiveram perdas gravíssimas, e que vem prefigurada de modo eficaz na VIII.72:

Em campo perusino, oh, enorme derrota!
E o combate todo perto de Ravena,
passo sagrado quando se fará a festa.
Vencedor e vencido e cavalo comer a aveia.
(NOSTRADAMUS, 1969b, 176)[28].

---

27. I.6, II.32, VIII.72, IX.3, IX.54.
28. "Champ Perusin o l'enorme deffaite, / et le conflict tout aupres de Ravenne, / passage sacre lors qu'on fera la feste. / Vainqueur vaincu cheval manger la venne."

Quando queria, Nostradamus sabia ser bem claro, como nesses versos, nos quais, embora inserindo algum elemento obscuro (o "campo perusino", o cavalo que come a aveia), como exige a profissão de oráculo, reconta em poucos e vigorosos traços a Batalha de Ravena. Esta se deu em 11 de abril de 1512 no dia da Páscoa: ele se refere a essa data quando fala "passo sagrado quando se fará a festa". A palavra "Páscoa", de origem hebraica, significa "passagem", e com a festa celebra a passagem do cordeiro exterminador que mata todos os machos primogênitos dos egípcios e *passa adiante*, poupando as casas dos hebreus, onde não assassina ninguém (Ex 12,21-34).

O vencedor vencido é Gaston de Foix, jovem líder francês que liderou os seus para a vitória, mas caiu morto no campo de batalha.

Como se vê nesse exemplo, a importância *no futuro* que Nostradamus atribui às cidades depende em grande medida da importância que estas tiveram no passado e ainda mais no presente em que o mago provençal vivia e escrevia.

O *tipo de futuro* previsto por Nostradamus é aquele em que "Nápoles, Florença, Faença e Ímola vão estar em confronto entre si" (III.74), um cenário perfeitamente verossímil no ano de 1555, quando essas quatro cidades pertenciam a três reinos diferentes.

2. Nostradamus é obviamente eurocêntrico: nas *Profecias*, a palavra *Europe* aparece em oito quadras, *Affrique*, em 5, e todas na segunda seção (1557), *Asie*, em 6, *Americh*, em uma única quadra.

Na III.97 parece encontrar-se um aceno às terras descobertas por Colombo: *Nouvelle loi, terre neuve occuper* ("nova lei, terra nova ocupar"); mas o verso que se segue nos remete à bacia do mediterrâneo, como se Nostradamus fosse incapaz de lançar um olhar para além do mundo da história tradicional: *Vers la Syrie, Iudée et Palestine* ("na direção da Síria, da Judeia e da Palestina").

O novo mundo é ignorado por Nostradamus. Vinte anos antes da publicação das *Profecias*, Ludovico Ariosto cantava "novas terras e novo mundo" no *Orlando furioso*. E o conquistador Hernán Cortés já era um personagem do poema cavalheiresco: "Vejo Hernán Cortés, o qual estabeleceu/novas cidades sob os editos de César" (Canto XV, 27).

No futuro previsto por Nostradamus não existem a China nem o Japão. Não existe sequer a Rússia, e isso trouxe graves problemas aos exegetas, que, não podendo ignorar que a partir de 1945 a Rússia, junto aos Estados Unidos da América, tem decidido a história do mundo por pelo menos quarenta anos, especularam em meio ao grande depósito das quadras e encontraram animais alegóricos que simbolizam, dizem eles, a Rússia (soviética primeiro, e depois federal). Assim, por exemplo, se disse que "o urso" (V.4, VI.44, IX.10) representa a Rússia. Esse mesmo animal, para os nostradamianos do século XIX, prefigurava "um duque, príncipe ou rei de Savoia", ou então "o partido republicano chamado de Montanha nas assembleias legislativas, que ocupava os assentos mais elevados, como o urso que vive nas montanhas" (NOSTRADAMUS, 1969b, 345).

O tempo passa e os seguidores de Nostradamus vão se adequando...

Profecias em que não aparece a Rússia são completamente inúteis para os intérpretes e leitores da segunda metade do século XX; assim, os devotos do profeta de Salon foram aguçando sua fantasia. Um comentador francês afirmou que *Aquilon* é o nome codificado da Rússia. Por quê? Porque o aquilão é um vento frio e forte que vem do Norte. Mas seria necessário perguntar por que aquilão indicaria de modo exato e apenas a Rússia e não outros países setentrionais, como a Suécia, a Noruega ou a Finlândia. Ademais, não faltam topônimos clássicos para a Rússia, como Sarmatia e Cítia, mas Nostradamus os ignora completamente.

Por fim, usa o termo *Aquilon* (cf. II.68, II.91, VIII.15, VIII.85, IX.99, X.69, X.86) para indicar o setentrião, um ponto cardeal, e não um país específico.

3. Os topônimos mais atuais (para Nostradamus, diga-se) são mais numerosos na terceira seção, a que foi publicada em 1558[29].

---

29. Os seguintes só constam na terceira seção: Americh (X.66), Anglaquitaine (IX.6), Antibe (X.23), Antipolique (X.13), Antipolles (X.87), Anvers (IX.49, X.52), Balez (IX.29), Bayonne (VII.85, VIII.86, IX.63), Bayse (VIII.35), Beluzer (VIII.30), Betta (X.61), Ballye (IX.38), Bleteram (VIII.36), Borne (VIII.5), Bourg Lareyne (IX.86), Bresle (IX.69), Breteuil (VIII.5), Britanne (X.7, X.25), Brunsuic (X.46), Brudes (X.62), Buffalorre (VIII.12), Burançois (IX.13), Calais (VIII.45, IX.88), Cambray (X.45), Capaidille (VIII.50), Carcari (IX.39), Caussa (X.41), Chambery (X.37), Charlieu (IX.19), Charlus (X.41), Chasteau-

Essa observação pode sugerir uma conclusão: o sucesso das primeiras profecias motivou o autor a propor para seu público um material mais interessante, que fale de lugares conhecidos na atualidade, e não de terras clássicas como a Lísia, a Mísia, a Panfília (III.60), a Samotrácia (IV.36) ou a Hircânia (III.90), que muitos talvez nem sequer soubessem a localização, e também de cidades sobre as quais se falava na época, porque eram cenários de acontecimentos de que se tinha notícia naquele tempo.

Em todo caso, Nostradamus aponta topônimos muito pouco claros, contraditórios, mas isso não invalida a observação geral: encorajado e motivado pelo grande sucesso de público, Nostradamus sentia-se sempre mais como um profeta, aumentando a intensidade de sua mensagem, ou pelo menos sua mensagem semântica: *falava mais coisas inéditas*. As primeiras quadras são "mais pobres" que as últimas, que apresentam indicações novas mais numerosas e mais atuais.

---

neuf (IX.67), Chersonnez (IX.91), Collonne (VIII.67), Colongna (VIII.51), Corsibonne (IX.54), Crest (IX.67), Cydron (X.63), Damazan (VIII.35), Dinebro (VIII.56), Drux (IX.57), Emorre (X.61), Ferte Vidame (IX.59), Fertsod (IX.74), Gaddes (IX.30), Gorsan (VIII.22), Goussan (IX.56), Illirique (IX.28), Ionchere (X.11), Ispalme (IX.6), Laigne (X.48), Lauragues (X.5), Lauxois (IX.13), Laye (X.52), Linterne (VIII.8), Lisbon (X.5), Lonole (X.40), Lubecq (IX.94), Lucques (X.5), Lunage (VIII.11), Lusignan (VIII.24), Luxembourg (X.50), Lygonnois (IX.98), Mammel (X.44), Mannego (X.60), Mantor (IX.22), Marmande (VIII.1, IX.85), Masiliolique (IX.28), Mausol (VIII.34), Memphis (X.79), Messine (IX.61), Metz (X.7), Meuse (X.50), Monserrat (VIII.26), Mont Adrian (VIII.86), Mont Aymar (IX.68), Mont de Bailly (IX.69), Mont Lehori (IX.87), Montmelian (X.37), Montmorency (IX.18), Montpertuis (VIII.24), Moraine (X.37), Mysne (IX.94), Nanat (VIII.85), Nersaf (VIII.67), Norlaris (VIII.60, IX.50), Normande (IX.7, IX.30), Olympique (VIII.16), Pamplonne (VIII.26), Pampon (VIII.1), Pamyes (IX.10), Parpan (IX.15), Pelligouxe (X.25), Peloncle (VIII.89), Plombin (IX.26), Ponteroso (VIII.49), Portugues (X.50), Prato (IX.2), Puola (IX.30), Pymond (IX.45), Raguse (X.63), Resviers (VIII.3), Ribiere (IX.16), Sacarbance (X.61), Sanct Aulbin (VIII.36), Sainct Georges (IX.31), Sainct Hieron (X.63), Sainct Iean de Lux (VIII.85), Sainct Iulian (X.37), Sainct Marc (IX.33), Sainct Memire (VIII.42), Sainct Solonne (IX.23), Sardon (VIII.6, X.6), Saulce (IX.34), Saulne (VIII.36), Scelde (X.52), Scerry (IX.39), Sclavonie (X.62), Sorbin (X.61), Tarbe (X.29), Tende (X.11), Theroanne (IX.88), Tholosain (IX.72), Tholentin (VIII.39), Thrace (IX.75), Thunes (VIII.50, IX.41), Touphon (IX.87), Transmenien (VIII.47), Trieste (VIII.84), Tucham (VIII.22), Turby (IX.39), Ulme (VIII.34), Valence (VIII.11, IX.67), Var (VIII.97), Varennes (IX.10), Vaultorte (IX.20), Verceil (VIII.7), Veront (IX.39), Vigilanne (VIII.3), Ville franche (X.41), Vitry (IX.58), Vlisbonne (VIII.54), Vratislave (IX.94), Vultry (IX.26), Zara (VIII.83).

4. Entre os treze nomes de santos mencionados, onze encontram-se na terceira seção, e apenas nessa.

5. O *mapa mundi* de Nostradamus é muito pequeno porque é antiquíssimo: praticamente, é o orbe desenhado por Ptolomeu. Para o vidente, o mundo é a Europa, desde as Colunas de Hércules (o Estreito de Gibraltar) até o Danúbio e o Vístola, além da África, que faz frente com o Mediterrâneo. E, no entanto, quando Nostradamus publicou as *Profecias*, deram-se descobertas geográficas de suma importância: há um mundo novo, mas *Americh* só aparece uma única vez e numa única quadra (X.66) na qual se fala do Anticristo. Em 1558, ano em que essa quadra foi publicada, já haviam se passado 36 anos desde a primeira circum-navegação pela Terra por parte de Magalhães e Pigafetta. Em 1514, Hernando de Soto alcançara o Mississipi e Arkansas; em 1518, Pedro de Alvarado desembarcara no México; em 1525, Estevão Gomez estava explorando a Flórida; em 1541, Francisco de Orellana alcançara o Rio Amazonas. Em 1521, Hernán Cortés conquistou Tenochtitlán, a esplêndida capital asteca. Em 1533, Francisco Pizarro tomou posse de Cusco, o coração do Império Inca.

O mundo se estendera a dimensões antes desconhecidas; na Europa, chegavam notícias de diversas civilizações e povos distintos que eram procurados com avidez e difundidos não só entre os intelectuais.

Nostradamus ignorava tudo isso e se mantinha preso à concepção arcaica do mundo que correspondia à extensão do Império Romano.

Os nomes mitológicos (cf. *Apêndice*, p. 192) se concentram na primeira seção (23 ocorrências, por volta de 38%) e na terceira seção (28 ocorrências, cerca de 46%). A segunda seção contém apenas nove, isto é, 15%. O único nome presente nas três seções, mas com prevalência clara na terceira, é *Hercules* (Hércules). *Neptune* (Netuno) é o nome mais frequente na primeira seção, em que todos os demais nomes ocorrem uma única vez.

Também os nomes de personagens históricos ou de personagens célebres são mais numerosos na terceira seção (cf. *Apêndice*, p. 193); a primeira contém onze (igual a 23% do total), a segunda, oito (17%), e a terceira, 27, ou seja, 58%. Esse fato confirma a hipótese segundo a qual Nostradamus aumentou o fluxo de comunicação em consequência do bom acolhimento que sua obra teve pelo público. Assegurado pelo sucesso, e buscando confirmá-lo, como qualquer autor com sorte de principiante, Nostradamus apresenta ao seu público um material mais rico, mais estimulante, mais diferenciado e mais atual.

Alguns nomes vêm dos clássicos: Agrippa, Aníbal, Catão, Nero, Capião (isto é, Quintus Servilius Caepio, o general romano acusado de ter roubado as riquezas dos templos de Toulouse), os imperadores Cláudio e Trajano, o jurista Ulpiano, Ascânio — também chamado Iulo —, que, seguindo Tito Lívio (I, 3), Nostradamus considerava um personagem histórico, filho de Eneias.

Outros que se faziam sentir mais significativamente na terceira seção mostravam ser mais atuais para os leitores das *Profecias*, por volta da metade do século XVI.

Na quadra VII.29, os leitores de Nostradamus vão encontrar personagens bem conhecidos:

> O grande duque de Alba irá se rebelar
> aos seus antepassados, fará traição.
> O grande de Guisa irá derrotá-lo,
> [ser] levado cativo e [será] erguido monumento.
> (NOSTRADAMUS, 1969b, 140)[30].

"O grande duque de Alba" é Fernando Álvares de Toledo, terceiro duque de Alba. Foi um dos mais corajosos e impiedosos generais de Carlos V, de quem liderou as tropas para a vitória na Batalha de Mühlberg (1547), onde derrotou o exército dos príncipes protestantes reunidos na Liga de Esmalcalda.

O imperador conhecia seu caráter autoritário e violento, por isso procurava não lhe dar demasiada autonomia. A seu filho, Felipe II, ao contrário, confiou-lhe cargos importantes: no início, nomeou-o governador de Milão (1555); no ano seguinte, se tornou vice-rei de Nápoles. Depois, foi enviado a ocupar os territórios da Igreja, quando estourou uma crise entre o rei da Espanha e o papa Paulo IV, claramente filo-francês.

---

30. "Le grand duc d'Albe se viendra rebeller / a ses grands peres fera le tradiment: / le grand de Guise le viendra debeller, / captife mené et dressé monument."

Foi enviado com plenos poderes aos Países Baixos para desmantelar a revolta contra o rei (1567). Naquela ocasião, o duque de Alba mostrou toda a sua crueldade de fanático exterminador de *hereges*; sua repressão fez mais de 18 mil vítimas. Sua ferocidade chegou a tais excessos a ponto de suscitar protestos inclusive por parte do exército espanhol. Filipe II convocou o general (1573), quando começou seu declínio. O rei lançou mão dele ainda uma única vez, em 1580, na conquista de Portugal. Ficou registrado como um feito triste o massacre atroz que o duque ordenou quando conquistou Lisboa. Mas uma febre providencial o levou ao túmulo antes que pudesse macular-se com outros crimes horrendos (KAMEN, 2006).

"O grande de Guisa" é Francisco de Lorena, segundo duque de Guisa, líder das tropas francesas; liderou a defesa da cidade de Metz, que resistiu ao assédio da armada imperial (1552-1553); obteve a vitória de Renty (1554), quando o exército de Carlos V foi derrotado.

Foi convidado para ir à Itália a fim de auxiliar o papa Paulo IV, aliado do rei da França, na tentativa (fracassada) de tomar Nápoles dos espanhóis.

Com a conquista de Calais, Ham e Thionville, se tornou tão célebre e admirado que o próprio Henrique II começou a ficar com inveja. Católico intransigente, inimigo do calvinista Luís de Condé (que Nostradamus obscurece na quadra III.41), principal responsável pelo massacre dos huguenotes em Valmy, o duque de Guisa foi morto ao assediar Orleans, fortaleza dos protestantes (DUROT, 2012).

De forma bastante previsível, Nostradamus predisse a derrota do espanhol impingida pelo francês: o duque de Alba maculou-se com uma culpa bastante odiosa e infame para um cavalheiro, ou seja, traição de seus antepassados (pois traiu a palavra empenhada e a fidelidade ao seu rei), e o duque de Guisa o fez prisioneiro, numa operação que acabou sendo eternizada num monumento.

Essa quadra se mostra perfeita para demonstrar que o que Nostradamus prevê é na verdade a projeção no futuro daquilo que ele espera ou teme. A VII.29 é um claro ato de confiança nas armas francesas, num momento histórico no qual a guerra com o império se arrastava por anos, alternando altos e baixos.

Não houve um parisiense sequer que, em 1557, não reconhecesse a figura de Catarina de Médici na figura traçada na quadra V.39:

Do ramo autêntico proveniente da flor-de-lis,
vestido e alojado herdeiro da Etrúria:
seu sangue antigo, formado à mão longa,
fará florescer Florença no escudo.
(NOSTRADAMUS, 1969b, 104)[31].

O sangue francês antigo (o verdadeiro "ramo da flor-de-lis") provinha a ele da mãe, Madeleine de la Tour d'Auvergne, que descendia de uma das mais ilustres e antigas famílias francesas. Nostradamus fala no masculino, mas é o mínimo véu que consegue estender sobre uma quadra laudatória tão transparente.

Na quadra IX.35 aparece um tal de Ferdinando; naquela época, o Ferdinando mais célebre que havia era o imperador, irmão de Carlos V e tio de Filipe II. Ferdinando I de Augsburgo assumiu o trono imperial depois da abdicação de seu irmão, que deixara ao filho Filipe os domínios espanhóis, italianos e flamengos.

A profecia expressa na quadra parece ser desfavorável a Ferdinando, e justo por isso deveria agradar à corte francesa:

E Ferdinando louro será abandonado [variante: em desacordo]
deixar a flor, seguir o macedônio,
na grande necessidade diminuirá sua estrada,
e irá murchar contra o mirmidão.
(id., 188)[32].

Os adjetivos estão no feminino (*blonde, deserte*), mas certamente se referem a Ferdinando, num jogo deliberadamente obscuro de deslocamento, como na quadra de Catarina de Médici na qual se emprega em relação a ela o masculino. O primeiro verso prevê dificuldades para Ferdinando, e no segundo pareceria ser possível perceber um paralelo com o

---
31. "Du vray rameau de fleur de lys issu / mis & logé heritier d'Hetrurie: / son sang antique de longue main tissu, / fera Florence florir en l'harmonie."
32. "Et Ferdinand blonde sera deserte, [variante: descorte] / quitter la fleur, suivre le Macedon, / au grande besoin defaillira sa routte, / et marchera contre le Myrmidon."

mais célebre macedônio da história, Filipe, pai de Alexandre Magno, que acabou sendo assassinado por sua escolta pessoal. O terceiro verso profetiza claramente a queda ou a derrota conforme a ocasião (uma guerra?). Em outras quadras (III.17, VIII.43), Nostradamus prevê enfrentamentos entre o monarca e seu sobrinho que seguramente não eram malvistos pelo rei da França e pelos inimigos do império.

Uma predição que golpeou talvez os contemporâneos do mago mais do que se possa afirmar hoje se encontra na quadra VIII.67:

Par. Car. Nersaf, em ruína grande discórdia,
nem um nem o outro será eleito.
Nersaf do povo terá amor concórdia,
Ferrara, Colonna, grande proteção.
(id., 175)[33].

Como sempre, "Par." acredita-se ser abreviação de Paris, e "Car.", de Carcassone. "Nersaf" é um anagrama de *Franse*, uma versão homófona de *France*, a França. Mas Nersaf é também anagrama de Farnes, e Car. poderia ser a abreviação de Cardeal, a quadra poderia se referir ao cardeal Alexandre Farnese; e, realmente, ele teve grandes desavenças com o papa Júlio III, que queria tomar da família Farnese o ducado de Parma; em 1551, teve início uma breve guerra que se encerrou sem vencedores nem vencidos, como pareceria se encontrar no segundo verso.

No verso seguinte se prevê uma condição favorável para Nersaf/Farnes, amado pelo povo; mas "do povo" poderia ser um genitivo objetivo, de modo que o povo seria o destinatário do amor do cardeal. A favor dessa hipótese, pode-se lembrar que Alexandre Farnese, chamado de "o Grande Cardeal", foi um defensor ferrenho da política francesa (ANDREATTA, 1995).

Fica, porém, muito mais difícil de se encontrar um possível sentido no último verso, onde são citados Ferrara, a antiga e poderosa família romana de Colonna e uma grande proteção que não se sabe que relação tem com os dois termos anteriores. É possível destacar (mas se

---

33. "PAR. CAR. NERSAF, à ruine grand discorde, / ne l'un ne l'autre n'avra election; Nersaf du peuple avra amour & concorde, / Ferrare, Collonne grande protection."

trata apenas de uma curiosidade) que, em sua estada em Ferrara, entre 1537 e 1538, Vittoria Colonna teve a sincera estima e proteção do duque Hércules II d'Este.

A quadra X.27 é uma das poucas claras e fáceis, com a qual Nostradamus busca mostrar qual é seu pensamento político, a fim de agradar a corte francesa:

> Um quinto e um grande Hércules
> irão abrir o templo da guerra [lit. com mão bélica];
> um Clemente, Iulo e Ascânio recuados,
> a espada, a chave e águia jamais viram tão grande confronto.
> (NOSTRADAMUS, 1969b, 207)[34].

O "quinto" do primeiro verso é o quinto mais célebre do mundo renascentista: Carlos V. O "grande Hércules" é o rei da França; em diversas outras ocasiões (VI.42, VII.44, IX.89), Nostradamus usa o termo semideus para designar o soberano francês.

Os dois contendentes vão abrir as portas do templo da guerra: uma imagem tirada da história romana como uma metáfora da guerra travada entre eles por longos anos.

"Clemente" é o papa Clemente VII, sob cujo pontificado se deu o trágico Saqueio de Roma (1527): a Cidade Eterna é indicada por "Iulo e Ascânio", filho de Eneias, de quem teria derivado a *gens Iulia*, a primeira estirpe imperial romana. O papa tentou expulsar os imperialistas da Itália; para isso, selou uma aliança (Liga de Coignac) com o rei Francisco I da França, de Florença, Milão e Veneza; mas a guerra foi perdida, e Carlos V afirmou de forma ainda mais poderosa o domínio espanhol sobre a Península.

"Espada", "chave", "águia" são os símbolos dos poderes em luta: a espada indica a França, a chave é a de São Pedro, fazendo alusão ao pontífice, a águia é o símbolo imperial.

Trata-se de uma quadra histórica, que narra eventos passados ou contemporâneos. Roger Prévost (1999) demonstrou que grande parte

---

34. "Par le cinquiesme & un grand Hercules / viendront le temple ouvrir de main bellique, / un Clement, Iule & Ascans recules, / l'espee, clef, aigle, n'eurent onc si grand pique."

das *Profecias* descreve fatos passados e não eventos futuros. Talvez Nostradamus concebesse uma estrutura cíclica da história humana, por meio do que o que já ocorrera estava destinado a reapresentar-se no grande teatro do mundo. Talvez o mago de Salon profetizasse, tendo bem presente o Eclesiastes (1,9), que declara sob inspiração divina: "O que foi e o que será, o que se fez e o que se fará: nada de novo sob o sol!". Uma outra quadra que no ano de 1558 talvez os leitores de Nostradamus leram com grande interesse foi a IX.89:

Sete anos vai durar a boa sorte de Filipe.
Irá aplacar a impetuosidade dos árabes,
depois certo caso irá reverter seu clímax
um jovem Hércules gaulês afundará o seu exército
(id., 198)[35].

"Filipe" é Filipe II, filho de Carlos V, que abdicou em 1556 e lhe entregou a Espanha e as colônias, os reinos italianos, a Franco-Condado (região da França oriental) e os Países Baixos.

Nostradamus prevê que Filipe irá ter sucesso por sete anos; se esse dado se baseia na data de publicação da quadra, podemos estabelecer o ano de 1563 como a data em que teria se iniciado o declínio do soberano espanhol, segundo o vidente. Um jovem Ogmion, ou seja, "um jovem Hércules gaulês", isto é, um jovem rei francês (seria Henrique III?) teria derrotado o exército de Filipe.

Não é de admirar que o autor de tais profecias fosse estimado e bem pago pela corte francesa. Na obra de Nostradamus, o rei da França se transforma em *Dominus mundi*, soberano do mundo, numa visão imperialista universal não inédita, mas com duas fortes novidades: a natureza transcendental da revelação profética e a iminência do evento. As *Profecias* são a versão esotérica da vocação imperial da França da metade do século XVI. Vamos discorrer sobre isso no próximo capítulo.

---

35. "Sept ans sera Philipp, fortune prospere. / Rabaissera des Arabes l'effort,/ puis son middy perplex rebors affaire, / ieune ogmion abismera son efort."

4. *Dominus Mundi* –
A espera do Rei do mundo

O império universal

Para compreender a visão política de Nostradamus é preciso conhecer, pelo menos em linhas gerais, o tema do *Dominus Mundi*, isto é, o soberano do mundo, que na metade do século XVI teve grande difusão.

Tem-se falado muito da vocação imperial do século XVI, e trata-se de uma fórmula muito precisa quando se a compreende como a busca, o caráter inevitável — para não falar do horror — de um domínio total que logo irá se chamar monarquia universal. [...]. O sonho de uma dominação universal, mesmo que irrealizado, acompanha a história de uma Europa que sempre se lembra de sua unidade a partir da cristandade (SPOONER, 1967, 433).

A espera de uma monarquia única não surge no Renascimento; o Grande Rei do mundo é um fantasma que vaga através dos séculos desde a época de Augusto, a quem o astrólogo Publio Nigidio Figulo previra um império sobre todo o orbe terrestre onde houvesse homens a ser seus súditos.

Passando por Dante, que no *De monarchia* acaba construindo a arquitetura teórica do império universal nas mãos de apenas um governante, o sonho/íncubo de *Dominus Mundi* surge no Renascimento:

É preciso destacar que todo um grupo de pessoas ligadas ao humanismo, de vários países da Europa, se alimentou à época dos antigos ideais de *renovatio* e de restauração de um império universal. As convulsões sem precedentes da cristandade no começo da idade moderna contribuíram grandemente para que surgissem e se difundissem esses ideais (VIVANTI, 1963, 77).

Como observa Frances Amelia Yates,

todo e qualquer ressurgimento do império, na pessoa de um grande imperador, fazia ressurgir, quase como se fosse um fantasma, a esperança de um império universal. Esses ressurgimentos — incluindo aqui também o de Carlos Magno — jamais foram consistentes ou duradouros do ponto de vista político; o que sobreviveu foram seus fantasmas, exercendo uma influência resiliente. O império de Carlos V, uma retomada tardia da esperança imperial ligada ao detentor do título imperial, acabou perpetuando a influência desse fantasma também no mundo moderno (YATES, 1978, 6).

A estrutura desse mito-profecia é, por sua vez, bem simples: em épocas extremamente corrompidas e violentas, marcadas inclusive por perseguições à *verdadeira religião*, nasceria ou iria revelar-se e libertar-se dos inimigos e falsos pretendentes que o tinha ocultado um Grande Rei que seria invencível e justo; sob seu cetro, ele iria reunir todas as nações pacificadas e restaurar o culto divino único e verdadeiro.

Em sua versão exclusivamente francesa, esta é a estrutura do mito do *Dominus Mundi*:

1. Guerra europeia total com a consequente destruição de Paris, a Babilônia dos gauleses e dos malvados. 2. O rei Estêvão de Blois, descendente esquecido dos capetianos, põe um ponto final nas guerras e nas aventuras e, depois, reina sobre a Europa. 3. Em combinação com o grande monarca, um grande papa controla um cisma e reforma a Igreja. 4. Uma era de paz geral é o que promete o reino do grande monarca aliado do papa, precedendo a vinda do Anticristo. 5. O grande monarca irá depor as insígnias imperiais no Monte das Oliveiras (MURAISE, 1969b, 111).

O cenário em que surgiria o rei do mundo é um cenário trágico: guerras, devastações e também terremotos, carestias e epidemias marcam o cume do opróbrio; desse abismo de desventuras surge a parábola do grande soberano, que inaugura uma nova era áurea.

O mito do *Dominus Mundi* teve duas versões: uma profética-oculta e uma jurídico-racional. A primeira continha todo o poderoso fascínio da revelação inefável. A outra se propunha demonstrar a necessidade histórica e moral da monarquia universal. Quando Carlos V se tornou imperador romano, eram verdadeiramente imensos os seus domínios. Parecia ser ele o *Dominus Mundi*. Mas, como já dissemos, também o rei da França aspirava a esse posto supremo. Do ponto de vista místico, inclusive, o rei francês sentia-se certamente superior a qualquer outro monarca: apenas ele era *Rex Christianissimus*, e o próprio Deus havia manifestado sua predileção pelo monarca francês séculos antes do progenitor da casa de Augsburgo.

A superioridade do rei da França sobre os outros monarcas da Europa era defendida também por uma escola jurídica que difundiu e defendeu entre os intelectuais e a aristocracia o conceito do *Dominus Mundi e Gallica Stirpe*, o rei do mundo nascido da dinastia francesa.

O primeiro jurista a elaborar a teoria imperialista francesa foi Pierre Dubois (c. 1250-1321), *advocatus realis* em Coutances, na Normandia, inflamado defensor de Filipe, o Belo, contra o papa Bonifácio VIII; os dois pretendiam ser a autoridade suprema, temporal e espiritual, sobre os respectivos reinos, que, para Filipe, o Belo, era a França, mas para o papa era o mundo inteiro.

A contenda entre os dois poderes inicialmente empreendidos no âmbito das declarações e das bulas acaba indo para as vias bélicas, com a prisão inaudita do papa por parte dos soldados do rei da França.

No *De recuperatione Terrae Sanctae* (escrito entre os anos de 1305 e 1307), Dubois formulou seu projeto escatológico-político. A cristandade, toda ela unida sob o cetro francês, deveria libertar a Terra Santa dos infiéis numa cruzada mística grandiosa; uma vez tendo sido reconstituído o império em toda a sua plenitude que foi dos romanos, iniciar-se-ia a era da justiça e da paz (FAVIER, 1978).

A ideia central, que se pode deduzir do título, deveria ser a proposta de renovação das cruzadas. Mas na verdade se trata apenas de um pretexto para propor uma série de projetos desaparecidos para tornar a França o Estado mais sólido, que deveria estender sua própria influência sobre toda a Europa e sobre o Oriente Próximo. [...] A França deveria assumir o lugar do império já quase reduzido a uma aparência vazia (DALL'OGLIO, 1962, 95-96).

O grande monarca teria *corrigido*, então, a Igreja Católica, reconduzindo-a à originária simplicidade e à pobreza do Evangelho; em termos mais realistas, significa que o papa teria sido submetido ao rei. E essa função de julgamento da Igreja caberia ao rei da França enquanto predileto do Senhor, "*tamquam quidem corporalis Deus*", isto é, como um deus que se tornou corpo, como escreveu em 1538 o jurista Charles de Grassaille no *Regalium Franciae libri duo*.

Para chegarmos aos tempos mais próximos a Nostradamus, devemos recordar o erudito humanista e cabalista Guillaume Postel.

Postel não foi um jurista; ele foi um típico douto renascentista, polígrafo e enciclopédico, cujos interesses abrangiam desde a astronomia até a linguística.

Por diversas vezes, viajou para Constantinopla e para Jerusalém a fim de estudar grego e hebraico; de suas numerosas viagens, trouxe na bagagem inúmeros manuscritos siríacos, turcos, árabes e hebraicos. Foi Postel que revelou na Europa o *Sefer Yetzirah*, texto fundamental do esoterismo hebraico que ele traduziu para o latim. Em 1539, Francisco I instituiu para ele (que chamava de "a maravilha de meu século"; NATAF, 1991, 175) a primeira cátedra de língua hebraica no Colégio da França. No *Les raisons de la monarchie et quels moyens sont necessaires pour y parvenir*, obra publicada em 1551, Postel apresentou a teoria do reino universal sob a direção do rei francês, que considerava ser descendente direto do primogênito de Noé.

Postel previa um império que fosse verdadeiramente universal e que, portanto, abarcasse também o Oriente, que ele conhecia e amava. Para unir muçulmanos, cristãos e hebreus sob uma única fé num único reino, ele criou uma ultrarreligião à qual todos deveriam aderir: "É necessário que não haja mais que uma única língua, um só espírito, um só culto, um só Deus, e que toda a terra da Síria e a Terra Santa, purificadas de todos os ímpios, desde o Faraó e os seus, de Esaú, de Amalec, de Moah, de Amão, dos cananeus, sejam igualmente voltadas a Deus e ao seu culto" (POSTEL, 1987, 82).

Essa unificação religiosa tinha seu artífice e sua garantia no soberano universal: "É necessário que não haja finalmente sobre toda a terra mais que um único pontífice, imperador e reitor e diretor soberano que, à semelhança de Adão, ocupe o mesmo lugar em que fomos resgatados por Cristo" (ibid.).

Se, para juristas e eruditos, o *Dominus mundi* era uma figura quase metafísica, mais que humana, para o povo, se tratava de uma pessoa bem viva e real, que se esperava ver num cortejo solene ou num carrossel de cavaleiros empenachados. Quem, pois, deveria ser esse rei e como poderia ter alcançado o poder total eram questões de pouco interesse às pessoas comuns, que inclusive *não poderiam interessar a elas*, visto que o povo sempre teve uma única função: obedecer a quem detinha o poder. E visto que o poder provém de Deus, quem o exerce é amado por Deus e, portanto, deve-lhe obediência; era unicamente isso que o povo compreendia de fato de filosofia política.

O mito do grande rei era alimentado por uma grande produção profético-oculta; os videntes e os astrólogos haviam deixado diversas profecias que anunciavam um monarca que reinaria sobre toda a Terra, finalmente pacificada. Todas essas profecias tinham um sabor mais ou menos religioso; via de regra, eram atribuídas a monges inspirados, a eremitas visionários, a santos como São Cataldo, Santa Hildegarda, São Severo e Santo Hipólito. Acreditava-se que Santo Agostinho fosse o autor de uma profecia segundo a qual um rei francês teria alcançado o poder máximo sobre a Terra.

No século IX, inclusive, acreditava-se ter surgido a primeira profecia sobre o Grande Monarca; o arcebispo de Mogúncia, Rábano Mauro, escrevera que, por ocasião do batismo de Clóvis, São Remígio anunciara o seguinte: "Por volta do final dos tempos, um descendente dos reis da França irá reinar sobre todo o Império Romano antigo. Será o maior dos reis da França e o último de sua estirpe" (MURAISE, 1969a, 15).

Jean Bottin, um religioso de Saint-Germain-des-Prés, em Paris, falecido em 1420, escreveu uma profecia em que anunciava um rei francês que, depois de um período de guerras e penúrias, governaria sabiamente o povo da Terra, guiado por Deus (MURAISE, 1969b, 109-110).

Em 1522 foi publicado o *Mirabilis liber*, "uma coletânea de profecias que descrevem a espera de um imperador do mundo francês e de um papa angelical" (BRITNELL; STUBBS, 1986, 126).

Não se sabe quem foi que organizou o *Mirabilis liber*; mas é possível saber qual era sua opinião política, que afirmava a supremacia do rei francês, apoiando-se em razões místicas, como o dom celeste da ampola com o óleo da consagração, a *fleur de lys*, a faculdade do soberano de curar a escrófula; ademais, muitos reis franceses foram considerados santos, e em 1429 o próprio Deus intervira, por intermédio de Joana d'Arc, derrotando os ingleses com o triunfo da dinastia Valois.

O anônimo autor tem como certo que o rei da época, Francisco I, seria eleito Sacro Imperador Romano, e com esse gesto ele teria levado a efeito a tradicional espera da figura do imperador como monarca do mundo todo. É verdadeiramente estranho que um livro publicado em 1522, três anos depois de Carlos V ter vencido a eleição imperial, previsse ainda que Francisco I tornaria a ser imperador. O livro deve ter surgido com a intenção de apoiar a candidatura de Francisco. É bem provável que os editores, de Marnef, estivessem satisfeitos em publicar uma coleção de profecias já pronta, sem se preocupar, até a segunda edição, em eliminar as poucas frases que buscavam minar qualquer pretensão de confiabilidade que o livro pudesse ter (id., 127).

O *Mirabilis libris* teve nove edições no século XVI, o que prova sua grande popularidade e sua influência em difundir o profetismo imperial francês.

De Carlos VIII a Henrique IV, todos os reis franceses viveram numa atmosfera mística sob a bandeira do *Dominus Mundi*, instados por visionários, certificados por juristas, adulados por cortesãos, decantados por poetas como se fossem destinados ao império universal.

Nostradamus escreveu suas centúrias numa época tumultuada e incerta em que o sonho de poder era mais forte e urgente que nunca na corte francesa: a derrota de Pávia (em fevereiro de 1525) era uma ferida que ainda não sarara; nessa batalha acontecera o sacrilégio impensável de um rei que foi aprisionado numa luta confusa, como último de seus soldados.

O desejo de revanche vinha expresso também no sonho de um império universal em favor da França, já exausta da Paz de Cambrai.

No período em que era iminente a explosão das guerras religiosas, a espera por uma monarquia mundial era igualmente a aspiração a uma unidade religiosa vista como indispensável.

Nostradamus foi um dos videntes que previram o império universal ao rei francês; em certos aspectos, sua mensagem era menos transparente que as demais, mas por isso mesmo incutia mais respeito, pois tinha um poder sugestivo extraordinário.

O rei do mundo de estirpe gaulesa

É curioso que quase ninguém se deu conta ainda de que uma das primeiras quadras, a quarta da primeira centúria, profetiza o advento do rei do mundo. No início de seu poema oracular, Nostradamus anuncia que *par l'univers sera faict un monarque*, "será feito um monarca de todo o mundo".

O horizonte político de Nostradamus é obviamente monárquico; mas não poderia ser diferente na metade do século XVI. Contudo é divertido ler as interpretações que fazem os nostradamianos de hoje, que sem qualquer dúvida identificam reis vitoriosos e monarquias que irão surgir, da noite para o dia, nos séculos XXI, XXII ou XXIII.

Retornemos, porém, à dimensão histórica dos fatos.

A palavra *roy* aparece 99 vezes nas centúrias — é uma das mais frequentes –; *monarque* aparece 21 vezes. Nas quadras aparecem inúmeros reis, e, em função da obscuridade do texto, não é possível distinguir com segurança um rei do outro, porque, muitas vezes, Nostradamus fala de um rei sem fornecer qualquer caracterização para poder identificá-lo[1].

Há também um grupo interessante de quadras cujo protagonista é um *grand monarque* que parece ser bem diferente do *monarque* desprovido de adjetivos. *Monarque* aparece nove vezes[2]; *grand monarque* aparece quatro vezes[3]. Depois tem-se também um *Castulon monarque* (I.31),

---

1. Existe um rei da Pérsia (*Roy de Perse*, III.77); fala-se pelo menos seis vezes de um rei francês (*Roy Gaulois*, IV.54 e VIII.32; *Roy de France*, V.77; *Roy Orleans*, X.45; *Roy de Bloys*, VIII.38 e VIII.51); um rei de Marrocos (*Roy Maroq*, VI.54); um nobre rei da Sardenha (*noble roy de Sardeigne*, VIII.88); um rei das ilhas (*Roy des Isles*, X.22) e um rei espanhol (*l'Espaignol Roy*, VI.15). Existe também um misterioso *Roy Reb* (X.66), rei rebelde (Reb-elle)?
2. I.4; I.36; I.59; I.70; II.15; II.20; III.11; III.17; IX.47.
3. I.99; II.12; IV.97; V.38.

vieux monarque, "velho monarca" (III.47); *nouveau monarque*, "novo monarca" (IX.5); *premier sur tous monarques*, "primeiro dentre todos os monarcas" (IX.33); *Selin monarque*, "monarca lunar" (IV.77, VI.42, X.53). Segundo Brind'Amour (1996, 94), *Castulon* estaria se referindo a *Castilla*, "Castela", município que antigamente pertencia a Lyon (Castela + León = Castulón), e o monarca assim obscurecido seria Carlos V. *Selin* refere-se a Selene, isto é, a Lua; significa, portanto, "lunar". A quadra VI.58 demonstra isso claramente, onde *selin* indica a Lua num verso que descreve um eclipse solar: *lors que le Sol par Selin clair perdue*, "quando se perde a claridade do Sol por causa da Lua". A lua crescente era o emblema do rei Henrique II da França; lunar era também seu mote: *Donec totum impleat orbem*, "até que a luz preencha todo o orbe". Há também um claro sentido imperialista: "até que o poder (do rei) preencha toda a Terra".

É muito provável que Nostradamus empregue a expressão *Selin* para indicar o rei francês que reinava quando foram publicadas as centúrias e para o qual, como veremos, ele profetiza o domínio sobre o mundo.

Outro protagonista da história futura é o *grand Roy*[4], "o grande rei". Se existe uma diferença entre este e o grande monarca, qual é? Trata-se apenas de exigências métricas de versificação ou existe realmente uma diferença entre os dois?

Todavia, temos também o *tresgrand Roy*, "rei grandíssimo" (VII.15); *Roy trespuissant*, "rei poderosíssimo" (X.95); *Roy des Roys*, "rei dos reis" (IX.90); *Roy d'Europe*, "rei da Europa" (X.86).

Vamos analisar a mensagem de Nostradamus sobre o *Dominus Mundi* por intermédio das referências mais significativas e mais compreensíveis. Na quadra V.6:

O augure colocará a mão sobre a cabeça do rei,
rezará (irá rezar) pela paz na Itália:
mudará o cetro para a mão esquerda
de rei irá se tornar imperador pacífico
(NOSTRADAMUS, 1969b, 98)[5].

---

4. *Grand Roy* aparece em: IV.57; V.84; V.97; VI.18; VI.53; VII.71; VIII.73; IX.36; X.87.
5. "Au Roy l'augur sur le chef la main mettre, / viendra prier pour la paix Italique: /a la main gauche viendra changer le sceptre, / de Roy viendra Empereur pacifique."

O "augure" é o próprio Nostradamus, que se compara com o antigo sacerdote romano que tinha a faculdade de revelar a vontade dos deuses por meio de fenômenos naturais. O mago de Salon se apresenta como o predileto da divindade, que lhe permite conhecer o futuro, e a quem ele invoca em favor do final vitorioso das longas campanhas militares na Itália. O fascínio e a autoridade que Nostradamus sabia impor eram de tal monta que a rainha Catarina de Médici o consultava para conhecer o futuro de seus três filhos. Ele prediz o trono a todos os três, sendo uma notícia tanto bela quanto terrível (ORIEUX, 1987, 225-226).

Os dois versos finais são extraordinariamente claros: o cetro será mudado para a mão esquerda (e o sujeito poderá tanto ser o rei quanto o augure, que age por intermédio do rei), imagem que simboliza o que se explica logo em seguida, "de rei irá se tornar imperador", e irá assegurar a paz tão esperada no mundo.

Um detalhe a se observar: Nostradamus fala do cetro na mão esquerda, por quê? Segundo Cornelio Agrippa (1972, 41), na escala do Setenário[6] a mão esquerda está sob o poder do anjo Miguel, patrono a homônimo do vidente. Não parece ser coincidência o fato de Nostradamus ter certeza de ser o destinatário privilegiado da mensagem divina, asseverando sempre que pudesse sua prerrogativa sublime[7]. Esse argumento confirma a hipótese de que o augure da quadra seja mesmo Nostradamus e que o rei de quem se fala seja o soberano francês.

É o que se mostra claramente na quadra II.69:

O rei francês com destreza céltica
vendo a discórdia da grande monarquia
fará florescer seu cetro sobre as três partes,
contra o manto da grande hierarquia.
(NOSTRADAMUS, 1984, 80)[8].

---

6. Segundo o esoterismo, os números não só estabelecem ritmo do existente, mas são dotados também de poderes superiores; em suas combinações (unidade, binário, ternário, quaternário etc.), os números têm forças, naturezas e potências diversas.
7. Conta o filho César, que, quando Nostradamus vai para Paris, convocado para a corte, se hospeda no albergue Saint-Michel (LEROY, 1993, 80).
8. "Le roy Gauloys par la Celtique dextre / voiant discorde de la grand Monarchie, / sus les trois pars fera fleurir son sceptre, / contre la cappe de la grand Hirarchie."

Aqui, o protagonista é o rei da França, que se aproveita da discórdia que divide a grande monarquia, isto é, o máximo poder terreno: o Sacro Império Romano. Seu cetro irá florescer, isto é, será vigoroso, poderoso, sobre as três partes do mundo conhecidas por Nostradamus — fiel como sabemos da visão antiga da Terra —, Europa, Ásia e África; será o império universal. A ação do rei gaulês será contra a cúpula da "grande hierarquia" por excelência: o império.

A quadra é facilmente compreensível. Nostradamus queria que sua mensagem fosse bem clara ao "rei francês", a quem anunciava um futuro, assim, luminoso e solene.

Nostradamus iria exprimir-se de modo igualmente claro no V.14:

Saturno e Marte em Leão, Espanha prisioneira,
pelo chefe líbico no conflito preso,
perto de Malta, herdeiro capturado vivo
e o cetro romano destruído por Galo.
(NOSTRADAMUS, 1969b, 99)[9].

O primeiro verso indica no âmbito astrológico o período em que a Espanha seria derrotada: Saturno e Marte estariam na constelação de Leão. Brind'Amour (1993, 252) descreve que a conjunção dos dois planetas em Leão iria acontecer em meados de julho de 1594. Esclareça-se que o fenômeno relativo ao movimento dos planetas é cíclico, portanto não se sabe a quais anos específicos Nostradamus estaria se referindo.

O último verso, que não por acaso é o mais transparente, assegura que o "cetro romano", isto é, o poder imperial, será golpeado pelo galo, símbolo da França.

A quadra VI.7 indica, com toda a certeza, que o imperador seria de origem francesa:

O chefe romano descendente de sangue gaulês [de estirpe francesa]
(NOSTRADAMUS, 1969b, 117)[10].

---

9. "Saturne & Mars en Leo Espaigne captive, / par chef Lybique au conflict attrapé, / proche de Malthe, Herodde prinse vive, / et Romain sceptre par Coq frappé". *Herodde*, attestato nell'antico francese, deriva dal latino *Herodius*, airone. Altre edizioni riportano *Rhodes* e *Heredde*.

10. "Le chef Romain issu de sang Gallique."

"Romano" não se refere aqui à cidade eterna, mas ao império dos romanos, a maior construção política da história, o império universal. Na quadra V.50, lemos:

O ano em que os irmãos do lírio estarão na idade,
um deles terá o grande império que foi da romanidade
(id., 105)[11].

A "fraternidade do lírio" pertence obviamente à casa do reino francês, cujo emblema é a *fleur de lys* (flor-de-lis); é preciso ter em mente que Catarina de Médici teve quatro[12] filhos homens com Henrique II.

"O grande império que foi da romanidade" não indica a atual Romênia, que no século XVI fazia parte do império otomano e se chamava Valáquia. Ademais, Nostradamus usa o termo *grande*, portanto nos indica um país importante em extensão e em valor. Está indicando o Império Romano, que iria renascer graças ao Grande Rei francês.

Nostradamus declara firmemente que o império está destinado a mudanças: não será mais a construção política de Carlos V, mas um organismo que leva a efeito os desígnios divinos, e que por sua natureza mais que humana será anunciado por sinais prodigiosos, como se pode constatar na quadra I.43:

Antes de acontecer a mudança de império,
irá dar-se um caso extremamente miraculoso:
o campo será abalado, o pilar de pórfiro
será instalado, transportado sobre a rocha nodosa.
(NOSTRADAMUS, 1984, 54)[13].

Note-se que o pórfiro, sobretudo o pórfiro vermelho, até a época imperial romana, era utilizado em monumentos e edifícios do mais elevado valor simbólico, em honra do imperador e de seus familiares mais íntimos. O "pilar de pórfiro" sobre o que escreve Nostradamus é seguramente um símbolo da autoridade imperial; sua transferência

---
11. "L'an que les freres du lys seront en aage, / l'un d'eux tiendra la grande Romanie".
12. Não se leva em consideração a Luís, morto antes de completar 1 ano de idade.
13. "Avant qu'avienne le changement d'empire, / il aviendra un cas bien merveilleux: / le champ mué, le pilier de porphyre / mis, translaté sus le rochier noilleux."

para um lugar estranho é a alegoria da transformação da natureza do império: não mais uma instituição humana, mas a conclusão do projeto escatológico divino. Para não deixar dúvidas sobre a certeza de que o rei do mundo será francês, na quadra IV.77 Nostradamus se exprime de modo ainda mais claro:

> Selênico monarca a Itália pacífica,
> reinos unidos pelo Rei cristão do mundo:
> morrendo quererá descansar em terra de Blois,
> depois de ter expulsado piratas do mar.
> (NOSTRADAMUS, 1969b, 92)[14].

O rei Selênico pode ser, como vimos, Henrique II, indicado pela lua crescente presente no seu emblema heráldico. O "Rei cristão do mundo" é francês: só os reis da França detinham o título de "rei cristianíssimo". Ele irá se apagar depois de ter expulsado os piratas muçulmanos que infestavam o Mediterrâneo. É uma quadra que ilustra o mundo do futuro; quando o soberano universal tiver debelado os antigos inimigos, terá terminado a guerra na Itália, com vitória, e todos os reinos estarão unidos sob o seu poder. Não se compreende a razão por que Nostradamus indique Blois como a cidade onde irá morrer (ou onde quer ser sepultado?) o rei do mundo. Pode-se lembrar que em Blois nasceu Luís XII. O rei do mundo é protagonista da quadra VI.24:

> Marte e Júpiter estarão em conjunção
> em Câncer, guerra calamitosa:
> pouco depois, será consagrado um novo rei,
> que pacificará a Terra por longo tempo.
> (id., 120)[15].

No texto original, Júpiter é representado por *sceptre*, o cetro, emblema do rei dos deuses. Brind'Amour (1993, 260) afirma que a conjunção

---

14. "Selin monarque l'Italie pacifique, / regnes unis par Roy Chrestien du monde: / mourant voudra coucher en terre blesique, / apres pyrates avoir chassé de l'onde."
15. "Mars & le sceptre se trouvera conjoinct, / dessoubs Cancer calamiteuse guerre: / un peu apres sera nouveau Roy oingt, / qui par long temps pacifiera la terre."

de Marte e Júpiter no signo de Câncer ocorreu nos anos de 1539, 1551, 1575, 1586 e 1611. O fenômeno não se repete de modo cíclico, por isso não sabemos a que data futura se refere Nostradamus. O que se mostra mais interessante, porém, é a cena em que o vidente apresenta explicitamente: depois de uma terrível guerra, será ungido com óleo santo e consagrado um rei que trará paz a toda a Terra. É o mito do *Dominus Mundi*.

O grande Chiren, rei do mundo

Até aqui, Nostradamus nada disse de novo.

Eric Muraise (1969b, 111) explica isso muito bem: "Antes de Nostradamus ter escrito a primeira palavra das centúrias, todos já estavam de acordo em relação ao tema. As centúrias amplificam e dão um ar de mistério a esse tema sem modificar o mínimo que seja neles".

Contudo, Nostradamus não poderia restringir-se a uma tradição muito antiga; ainda que tivesse um estilo inconfundível, não poderia limitar-se a repetir aquilo que os outros haviam escrito. Nostradamus representa uma guinada excepcional no mito do Grande Monarca, visto dar o nome e indicar o período em que ele iria triunfar. Nenhum profeta antes dele tivera tanta confiança em sua própria infalibilidade.

A quadra-chave de toda a visão imperial de Nostradamus é a de número VI.70:

> Na direção do mundo estará o grande Chyren
> mais vezes depois amado, pranteado, temido:
> sua fama e elogios conquistarão os céus,
> e do seu próprio título de vencedor estará muito satisfeito.
> (NOSTRADAMUS, 1969b, 128)[16].

Já nessa configuraçao, a quadra se torna transparente. Mas há um detalhe que a torna ainda mais extraordinária. O mote do imperador Carlos V era PLUS OUTRE (RUSCELLI, 1584, 104). Nostradamus usa precisamente esse termo para designar o personagem. Portanto, o se-

---

16. "Au chef du monde le grand Chyren sera, / plus outre apres ayme, craint, redouté: / son bruit & los les cieux surpassera, / et du seul tiltre victeur fort contenté."

gundo verso pode ser interpretado assim: depois de Carlos V, amado, pranteado, temido, ou seja, depois de sua morte, indicada com as reações dos amigos e inimigos. Nostradamus previu que o império universal iria realizar-se logo. A quadra foi publicada em 1557. Carlos V tinha 57 anos, uma idade avançada para a época, e realmente iria falecer um ano depois, no dia 21 de setembro de 1558.

Mas quem é Chyren? Quem irá dominar o mundo? Desde a primeira publicação das *Profecias*, era notável que a Chyren era claramente o anagrama de Henryc. Laurent Videl, escrevendo em 1558, sabia que esse nome nem tão misterioso designava o nome do rei francês que ocupava o trono na época, Henry. O "c" final devia-se ao fato de que, no provençal, a língua materna de Nostradamus, o nome dele era Henryc (BRIND'AMOUR, 1996, 309).

O nome Chyren aparece em seis quadras[17], em todas as seis edições em que foram sucessivamente publicadas as *Profecias*, e isso demonstra o quanto Nostradamus foi fiel a esse tema na época. Na primeira edição (1555), o nome aparece duas vezes — II.79 e IV.34 —, e sempre com caracteres maiúsculos não só para chamar a atenção, mas também para ressaltar e dar destaque gráfico a um nome importantíssimo. Em seis dessas passagens, pelo menos cinco vezes Chyren é definido como *grand*, grande, mas não é de esperar menos de quem se considera o monarca universal. Nostradamus cunha um novo nome histórico com um epíteto fixo, como Alexandre Magno, ou Carlos Magno.

Em todas as quadras onde aparece, Chyren, o Grande, é descrito como dominador. Por exemplo em II.79:

> A barba crespa e preta com um estratagema
> subjugará o povo cruel e selvagem.
> O grande Chyren libertará da prisão fétida
> todos os prisioneiros com a bandeira lunar.
> (NOSTRADAMUS, 1984, 82)[18].

---

17. II.79, IV.34, VI.27, VI.70, VIII.54, IX.41.
18. "La barbe crespe & noire par engin / subiuguera la gente cruele & fiere. / Le grand CHYREN ostera du longin / tous les captifs par Seline baniere." Para a tradução, cf. Brind'Amour (1995, 309).

A "bandeira lunar" muito provavelmente é uma referência a Henrique II, que, como sabemos, tinha três luas crescentes em seu brasão pessoal. Em outras duas passagens (VI.27 e VIII.54), Chyren é definido como *Chyren Selin*. Na quadra IV.34, apresenta-se ao Roy Chyren um prisioneiro amarrado com correntes de ouro: trata-se de um monarca que fora derrotado em Milão. A quadra VI.27, obscuríssima, parece profetizar que seis pessoas irão fugir na névoa graças ao *croissant du grand Chyren Selin*, "a lua crescente do grande Chyren Selênico". A quadra VI.70, que já foi citada, prevê o advento de Chyren ao trono universal, estabelecendo que isso iria ocorrer depois da morte do imperador Carlos V; não é por acaso que se trata de uma quadra clara. Na quadra VIII.54, Chyren aparece envolvido num contrato matrimonial. Quintin e Arras serão recuperados na viagem (*Quintin, Arras recouvrez au Voyage*), e é impossível não recordar que em Saint-Quentin os franceses sofreram uma derrota catastrófica contra os espanhóis de Felipe II (em 10 de agosto de 1557): recuperar a cidade talvez signifique vingar a batalha perdida? Será que Chyren conseguirá impor essa revanche?

A última quadra em que aparece o grande Chyren (IX.41) apresenta-o tomando posse de Avignon; de Roma provêm cartas pseudoamistosas (*de Rome lettres en miel plein d'amertume*); da vila de Chavignon, no Aisne, provém uma carta da embaixada, e Carpentras é presa por um duque negro com uma pluma ou um penacho vermelho (*lettre ambassade partir de Chanignon/Carpentras pris par duc noir rouge plume*).

Nostradamus elaborara uma psicologia social simples, mas muito eficaz: sabia que os poderosos tinham um desejo maior que o de conservar o poder, que é o desejo de aumentar esse poder. A toda e qualquer pessoa de respeito, a qualquer aristocrático, a todo e qualquer rico mercador, Nostradamus presságiava sorte, saúde, poder e riqueza. Para falar com mais precisão ainda, deve-se dizer que Nostradamus previa exatamente aquilo que o cliente desejava; confeccionava o futuro na justa medida de quem o pagava.

As cartas profissionais do mago provençal são repletas de esplêndidas promessas, e se vez ou outra Nostradamus alerta contra possíveis inimigos ou doenças, parece fazê-lo apenas por dever e como que para não se tornar entediante, nesse oceano de açúcar e mel que constitui o futuro dos senhores.

Mas predizer sempre o melhor poderia também ter consequências gravíssimas, como acontece àquele jovem capitão católico, sobre quem escreveu o historiador Lancelot Voisin de La Popelinière (BRIND'AMOUR, 1993, 46). Um capitão muito ambicioso, chamado Pins, perguntara a Nostradamus qual seria seu futuro como militar. O mago lhe disse que ele receberia grandes honras e ocuparia altos cargos, mas teria de se mostrar digno para tanto. Não há como negar que se tratava de uma resposta bem medíocre, mas que o pobre capitão a tomou ao pé da letra: em 6 de junho de 1562, quando houve o assédio à cidade protestante de Limoux, ele se lançou ao ataque sem nenhuma precaução, armado apenas com uma espada e uma adaga, e um tiro de mosquete o atravessou completamente.

Ao rei francês, que se encontrava no cume da pirâmide hierárquica, Nostradamus não poderia prever a não ser o domínio universal. Assim são os termos em que se dirige a Henrique II, na carta em que lhe dedicava a última porção de suas *Profecias*: "Divindade de vossa imensa majestade" (NOSTRADAMUS, 1969b, 145); "primeiro monarca do universo" (ibid.); "vossa majestade mais que imperial" (id., 148); "meus olhos estiveram tão perto de vosso esplendor solar" (id., 162). Apelativos que, como se vê, confirmam em prosa o que o vidente profetizava em versos.

Quando Nostradamus escrevia essas adulações hiperbólicas (em 27 de junho de 1558), a Henrique II da França não restava mais que 378 dias de vida. Ele nascera em 31 de março de 1519; do pai, Francisco I, herdara uma consciência viva da autoridade régia e a rivalidade com Carlos V.

Com Henrique II se consolidou o absolutismo, e a figura do rei foi se tornando cada vez mais envolta por uma luz mística de grandeza: "Henrique II foi muito mais austero que o pai e teve uma corte menos brilhante. Suspendeu bailes e concertos, limitou o número de damas de honra, mas o prestígio do monarca foi ressaltado de outros modos, sobretudo por ocasião dos solenes *Entrées*, em Paris, em 1549, e em Rouen, em 1560" (DUBY, 1997, 508).

Para homenagear o rei, o *Hercule galois* cantado pelos poetas, redescobriu-se e reutilizou-se um rico aparato decorativo que remontava à Antiguidade: obeliscos, pirâmides, estátuas heroicas e arcos do triunfo. Não é por acaso que o filho de Henrique II foi chamado de Hércules. François Hercules de Valois foi o oitavo filho de Henrique II e Catarina de Médici: nasceu em 18 de março de 1555. Em 1º de março de 1555, Nostradamus assinava a carta com a qual introduzia a primeira edição das *Profecias*.

Muito embora ele tivesse pautado seu governo num centralismo zeloso de suas prerrogativas, para enfrentar os crescentes gastos de guerra, o rei se viu obrigado a vender cargos nos ofícios de governo; o que levou a um ganho imediato, mas os funcionários acabaram se tornando praticamente proprietários de seus cargos, que comercializavam ou deixavam como herança. Tudo isso acabou reduzindo drasticamente a autoridade do rei.

Henrique II não teve misericórdia com os protestantes. Ele os considerava elementos perigosíssimos, que desagregavam a unidade do reino, minando a autoridade do soberano. A sua política de repressão duríssima do protestantismo, em função das execuções em massa, talvez pudesse ter evitado as guerras religiosas, mas Henrique acabou morrendo vítima de um ferimento grave que sofreu durante um torneio cavalheiresco em 1559: três anos depois, estourou uma das oito guerras que devastaram a França até 1598, com uma breve pausa entre 1564 e 1566 (id., 500).

A Henrique II sucedeu seu filho de 15 anos, Francisco II, que veio a falecer depois de pouco mais de um ano de reinado, um reinado mais de nome do que de fato; presente ali também se fazia a família católica dos Guisa, que impunha sua feroz política de supressão do protestantismo. Com a morte de Francisco, ascendeu ao trono o irmão Carlos IX, que faleceu em 1574 sem deixar herdeiros, foi sucedido pelo irmão Henrique III.

Este nascera em 1551, portanto Nostradamus poderia estar indicando também a ele como o Chyren, em suas profecias sobre o *Dominus Mundi*. Para o mago de Salon, o fato de que pai e filho se chamassem, ambos, Henryc-Chyren era um fator que aumentava a probabilidade de acertar o futuro, mas sobretudo de adular e lisonjear a linhagem dos regentes.

5. Sangue derramado, templos violados – Reverberações das lutas religiosas nas *Profecias*

Au feu! Au feu! Meurent Luthériens!

Quando Nostradamus publicou suas *Profecias* entre 1555 e 1558, em três edições sucessivamente ampliadas, na França eram cada vez mais frequentes e violentas as tensões entre católicos e protestantes que, poucos anos antes da morte do mago, explodiram na que foi considerada a primeira guerra religiosa (1562).

Aqui não é o lugar, certamente, de expor um capítulo da história da França tão denso e importante como o episódio sobre as guerras religiosas; todavia, é necessário acenar brevemente para isso a fim de dar orientação ao leitor (MIQUEL, 1981).

Com a morte de Henrique II e de seu filho Francisco II, iniciou-se uma longa luta entre as grandes famílias próximas à corte a fim de tomar o poder de fato. A filiação a dois credos distintos foi o motor e o volante da desavença.

Carlos IX, coroado com 9 anos de idade, era rei apenas nominalmente; a regência estava nas mãos de sua mãe, Catarina de Médici, que buscou estabelecer uma política de equilíbrio e de convivência entre católicos (dominados pelos Guisa) e reformadores (guiados pelos Borbone, os Condé e os Coligny).

Para salvar não só o país, como também a dinastia, Catarina se propôs a dirimir o conflito por meio de ações de compromisso, como o edito de Sant-Germain-en-Laye, conhecido como o Edito de Janeiro de 1562, que reconhecia aos protestantes o direito de se reunir para o culto nos subúrbios da cidade e nos campos e também, de forma privativa, em suas casas. Exigia-se dos protestantes um juramento de fidelidade à autoridade régia e o compromisso de restituir as igrejas tomadas dos católicos, o que acabaram não fazendo. No entanto, menos de três meses depois da proclamação do edito (que o parlamento de Paris, católico, recusara-se a confirmar), o massacre dos huguenotes em Vassy fez a França se precipitar numa guerra civil que durou, com algumas pausas, mais de trinta anos.

Os católicos da Casa de Guisa pensavam em exterminar todos os huguenotes na famigerada Noite de São Bartolomeu (24 de agosto de 1572); cerca de 3 mil protestantes pertencentes a famílias importantes foram a Paris por ocasião do matrimônio entre Margarida de Valois, irmã do jovem rei Carlos IX, e Henrique di Borbone, que iria tornar-se Henrique IV.

Ao partido católico parecia um perigo gravíssimo que um protestante como Henrique tivesse ingresso na corte com uma função tão proeminente. O fato de que grande parte da aristocracia huguenote estivesse toda reunida na cidade parecia ser um evento bastante favorável que deveria ser aproveitado; assim, durante três dias, Paris assistiu a uma das mais atrozes caçadas ao homem da história do século XVI, com a permissão do rei e de sua mãe, Catarina.

O massacre se difundiu muito rapidamente também nas províncias, e continuaram por dias a caçar e a abater os huguenotes: em Rabastens e Albi, a batalha se perpetuou até 6 de outubro.

Essa carnificina acabou por acirrar a guerra. O papa Gregório XIII tomou o partido dos católicos, com auxílios financeiros substanciais, junto ao rei da Espanha, Filipe II; os huguenotes tiveram ajuda dos príncipes calvinistas alemães e da Rainha Elisabete I, da Inglaterra. A guerra foi chamada de guerra "dos três Henriques": Henrique III, rei da França, Henrique de Borbone, chefe dos huguenotes, e Henrique de Guisa, chefe dos católicos. Em 1588, esse último foi assassinado por seus guardas pessoais por ordem de Henrique III, que acabou sendo esfaqueado e morto por um católico fanático que o considerava muito fraco e leniente para com os protestantes.

Único sobrevivente, e acolhido na sucessão ao trono, uma vez que o rei não deixara herdeiros diretos, Henrique de Borbone, que então se tornava católico ("Paris vale bem uma missa!"), como jurara ao moribundo Henrique III, e com uma campanha militar de cinco anos contra a liga católica filo-espanhola, conquistou o trono francês em 1594. Com o Edito de Nantes (1598), Henrique IV concedeu liberdade de culto — com limitações e condições — aos protestantes: as guerras religiosas haviam cessado, mas custaram dezenas de milhares de vidas, e a França estava praticamente exaurida.

Quando Nostradamus escreveu suas predições, a guerra ainda não se iniciara, mas já se podiam constatar episódios de violência e intolerância. A cronologia daqueles anos (id., 566-571) é assustadora: em abril de 1545 houve um massacre atroz de valdenses que parecia ser uma amostra do que iria ocorrer logo em seguida; em agosto de 1546 foi queimado o humanista Étienne Dolet, acusado de impiedade; em 1551, o papa Júlio III exortou Henrique II a atacar os hereges; no mesmo ano, o mestre educador Claude Monier foi queimado vivo, acusado de ter cantado — ele não foi o único — os salmos enquanto andava pelo caminho, violando um edito do soberano. Com o edito de Châteaubriant (de 27 de junho de 1551), o rei Henrique II estabeleceu algumas medidas para controlar e reprimir a difusão das ideias calvinistas; era prevista a pena de morte para quem produzia, detinha ou comercializava textos protestantes. Em 1553, Michele Serveto foi queimado vivo em Genebra pelos calvinistas. Antoine Magne sofreu o mesmo suplício em Paris, pela mão dos católicos; cinco estudantes protestantes acabaram indo à fogueira em Lyon. Com o edito de Compiègne (de 24 de julho de 1557), Henri que II estabeleceu que a profissão de fé protestante, pública ou secreta, tinha uma única punição: a morte.

O sangue derramado de gente da Igreja

Nas *Profecias* há muitas referências às lutas religiosas, que representam necessariamente um tema premente do poema de Nostradamus, visto revestir uma atualidade trágica na época em que o profeta escrevia. Desde os primeiros versos, encontramos cenas de violência contra sacerdotes, templos violados, imagens sagradas profanadas. Na quadra I.15 se lê:

> Marte nos ameaça com força belicosa
> fará derramar o sangue setenta vezes:
> exaltação e ruína do eclesiástico
> e mais os que deles nada querem compreender.
> (NOSTRADAMUS, 1984, 48)[1].

O sangue de pessoas ligadas à Igreja vertendo em rios retorna na quadra VIII.98:

> Das pessoas da igreja será derramado o sangue,
> com tanta abundância como se fosse água.
> (NOSTRADAMUS, 1969b, 181)[2].

Na quadra I.44, Nostradamus prevê o extermínio de frades, abades e noviços:

> Dentro de pouco, haverá novamente os sacrifícios,
> quem se opuser será levado a martírio:
> não haverá mais monges, abades nem noviços:
> o mel será bem mais caro que a cera.
> (NOSTRADAMUS, 1984, 54)[3].

Esse último verso significa que, já não havendo um comércio de cera para fabricar velas para as igrejas, seu preço irá cair, e assim o mel — diferente do que de costume — custará mais que a cera.

---

1. "Mars nous menasse par la force bellique / septante foys fera le sang espandre: / auge & ruyne de l'Eclesiastique / et plus ceux qui d'eux rien voudront entendre."
2. "De gens d'Eglise sang sera espanché, / comme de l'eau en si grand abondance."
3. "En bref seront de retour sacrifices, / contrevenants seront mis à martyre: / plus ne seront moines abbés ne novices: / le miel sera beaucoup plus cher que cire."

Em outras quadras, como a IX.24, o vidente fala do massacre dos "solitários", os celibatários por excelência, isto é, os padres:

Com o sangue dos solitários tingirá a terra
e fará destruir os santos templos pelos impuros.
(id., 113)[4].

A quadra V.73 fala claramente da perseguição da Igreja:

Será perseguida a igreja de Deus,
e os santos templos serão espoliados,
o filho deixará a mãe só com a camisa,
os árabes irão se unir aos polacos.
(NOSTRADAMUS, 1969b, 110)[5].

A situação que ele prefigura é de uma desolação infinita: a igreja depredada é comparada com a mãe que é espoliada por causa do filho; metáfora dos filhos indignos da Igreja que maltratam sua mãe espiritual. E a visão se fecha com a abominação de uma nação considerada desde sempre orgulhosamente católica, a nação polonesa, que se torna aliada dos árabes, *infiéis* maometanos.

Na quadra III.76 se lê o seguinte:

Na Alemanha irão surgir diversas seitas
muito próximas do feliz paganismo,
o coração prisioneiro e pequenos rendimentos
farão que se volte a pagar o verdadeiro dízimo.
(NOSTRADAMUS, 1984, 102)[6].

Há de se recordar que a Reforma nasce na Alemanha, com Lutero, em 1517. Pode ser um fator de surpresa o fato de Nostradamus falar de um "feliz" paganismo, ele que sempre se declarou um devoto cristão e

---

4. "Fera des seuls de leur sang terre tainte / et les saints temples pour les impurs destruire."
5. "Persecutee sera de Dieu l'Eglise, / et les saincts Temples seront expoliez, / l'enfant la mere mettra nud en chemise, / seront Arabes aux Pollons ralliez."
6. "En Germanie naistront diverses sectes, / s'approchans fort de l'hereux paganisme, / le cueur captif & petites receptes, / feront retour à payer le vray disme."

católico confesso; mas é bem provável que o adjetivo seja usado para qualificar a religião que precedeu a revelação do pecado originário, portanto o paganismo inconsciente e não sereno, ou pelo menos não mais feliz do que poderia ser um bárbaro. O "dízimo" é o tributo (um décimo do salário) com o qual os fiéis contribuem para o sustento da Igreja. Tampouco faltam cenas que representam, com um forte realismo, os massacres dos reformados; na quadra IV.63, Nostradamus — que é sempre melhor poeta do que vidente — apresenta o massacre dos valdenses de Luberon, que se deu em 1545; o exército do rei Francisco I atacou os inermes habitantes de Mérindol e dos países vizinhos. Nostradamus chama-os de montanheses, visto que a região se encontra sobre o maciço montanhoso da Alta Provença. O segundo verso fala de uma verdadeira e própria caçada ao homem. Foram massacradas cerca de 3 mil pessoas entre homens, mulheres, velhos e crianças, entre estupros em massa, incêndios de vilas, deportações e devastações tão atrozes que Henrique II, em 1548, ordenou uma investigação que naturalmente não teve nenhuma consequência para os responsáveis por tanto horror.

> A armada francesa contra os montanheses,
> os quais serão descobertos e presos com a chamada [chamada de armadilhagem para pássaros, armadilha]
> camponeses incitarão [?] pisadores de uva [o sentido de todo o verso é obscuro]
> precipitados todos ao fio da espada.
> (NOSTRADAMUS, 1969b, 89)[7].

Na quadra I.53, fala-se novamente de imensos eventos da cristandade:

> Eis que se verá grande povo atormentado
> e a lei santa em total ruína:
> toda a cristandade por causa de outras religiões,
> quando de ouro e de prata encontra nova mina.
> (NOSTRADAMUS, 1984, 56)[8].

---

7. "L'armee Celtique contre les montaignars, / qui seront sçeuz & prins à la pipee: / paysans frez pouseront rost faugnars, / precipitez tous au fil de l'espee."
8. "Las qu'on verra grand peuple tormenté / et la loy saincte en totale ruine / par aultres loyx toute Chrestienté, / quand d'or d'argent trouvé nouvelle mine."

Na quadra VI.22, prevê-se um cisma que irá golpear a própria sede do papado:

> Então a barca se tornará cismática.
> (NOSTRADAMUS, 1969b, 120)[9].

"Barca" é símbolo do Vaticano, porque São Pedro era um pescador. Para essa finalidade, Nostradamus usa também o termo *la piscature barque* (I.4). Mesmo as mais elevadas autoridades da Igreja Católica, os cardeais ("chapéus vermelhos", como ele os qualifica em V.46), para Nostradamus, serão motivo de controvérsias cismáticas:

> Por obra dos chapéus vermelhos discussões e novos cismas
> quando terá sido eleito o Sabino:
> contra ele surgirão grandes sofismas
> e Roma sofrerá danos pelos habitantes de Albano [ou albaneses?].
> (id., 105)[10].

No obscuro futuro mundo de Nostradamus, nada é certo, ninguém nunca é inocente ou totalmente incólume: o horror é o sentido, como que a própria vocação do homem, cuja história é um labirinto obscuro alagado de sangue.

Nostradamus católico ou protestante?

No clima de crescentes conflitos religiosos, Nostradamus declarou ser católico. A escolha não parecia se dever ao fato de suas ligações com a corte francesa.

Abraçar a fé protestante, muito provavelmente, o teria exposto à retaliação da classe dominante católica. A punição talvez não se limitasse à perda de uma rica clientela, mas poderia ter-lhe causado problemas bem mais graves: queimavam-se hereges por motivos muito menores que esse.

---

9. "La barque alors deviendra schismatique."
10. "Par chapeaux rouges quereles & nouveaux scismes / quand on aura esleu le Sabinois: / on produira contre luy grands sophismes, / et sera Rome lesee par albanois."

Em suas obras, ele tomou partido com convicção: "Apraza a vossa mais que imperial majestade perdoar-me, declarando frente a Deus e aos seus santos que não tenho a intenção de registrar nada por escrito nessa presente carta que seja contra a verdadeira fé católica" (NOSTRADA-MUS, 1969b, 148), foi o que escreveu na missiva que enviou a Henrique II.

O *Almanach nouveau pour l'an 1562*, publicado no final de 1561, em Paris, por Guillaume Le Noir e Jean Bonfons (BENAZRA,1990, 47; CHOMARAT, 1989, 35), em 17 de março de 1561, foi dedicado ao papa Pio IV: Nostradamus não poderia ter expressado de forma mais clara e solene sua adesão ao catolicismo.

Jean-Aimé de Chavigny, que foi secretário do vidente na última parte de sua vida, reconheceu-o como um católico atento: "Ele aprovou as cerimônias da Igreja Romana, seguindo a fé e a religião católica; fora da qual, afirmava não ter outra via de salvação" (CHAVIGNY, 1596, 4).

No *Almanach pour l'An mil cinq cens soixante & un*, editado pelo parisiense Barbe Regnault nos últimos meses de 1560 (CHOMARAT, 1989, 32), Nostradamus prevê um ano maravilhoso para o pontífice em exercício:

> Pela santidade de nosso santo padre o papa Pio IV, graças ao dia de sua eleição e ao dia e à hora de sua coroação, vejo que ele ficará por longo tempo em seu trono, com toda a felicidade e a prosperidade serena, será amado por todos, em especial por todos os homens bons, e tornará o senado e o povo romano sadios, salvos, livres. Numa tranquila pacificação, e graças à sua santidade, a cristandade será reunida e conduzida em sua perfeita tranquilidade (HALBRONN, 1991, 45).

Esse tipo de declaração[11] fazia de Nostradamus um apoiador decidido do poder católico. Isso não passou despercebido aos escritores protestantes. Já em 1557, apareceu um panfleto contra Nostradamus com o título *La première invective du seigneur Hercule le François contre Nostradamus, traduite du latin*; o lugar indicado de sua edição era Lyon, e o editor, Roux (BENAZRA, 1990, 24; CHOMARAT, 1989, 24). Esse editor

---

11. Nostradamus equivocou-se aqui: Pio IV não ficou por muito tempo no trono pontifício porque morreu cinco anos depois da predição. Igualmente equivocada foi a previsão de que aquele papa iria reunir a cristandade, que, ao contrário, estava mais e mais dividida por embates cada vez mais devastadores.

poderia ter sido Pierre Roux d'Avignon, e nesse caso o local indicado não seria correto, ou então o lionês Michel Roux.

Não sabemos quem se ocultava sob o pseudônimo de *Hercule le François*, mas seguramente era um escritor calvinista, talvez Guillaume Farel, que ataca o mago de Salon por ser indulgente demais com os católicos. No ano posterior, 1558, foi publicado um livro mais agressivo contra o vidente, cujo nome — no título do panfleto — era abreviado como *Monstre d'Abus*, o monstro que abusava da credulidade e da ignorância das massas. *Le monstre d'abus. Composé premierement en Latin par Maistre Iean de la dagueniere* [...] *A paris, pour Barbe Regnault, 1558* (id., 33; BENAZRA, 1990, 27). Também nesse caso o autor assinava prudentemente com um pseudônimo, Jean de la Dagueniere: *daguenet*, no francês da época de Rabelais, era uma pequena adaga; muito provavelmente, o autor considerava seu opúsculo de 36 folhas uma pequena espada afiada para golpear Nostradamus, "remendador de velhos sonhos", autor de "asneiras e imbecilidades", cujas profecias, fruto dos "vapores de teu cérebro vagabundo e lunático", "são tão pouco amigas da verdade que se comprova todos os dias exatamente o contrário daquilo que elas contêm". E ainda: "Os teus almanaques, teus presságios e toda raça semelhante de obras do mesmo gênero de coisas não se prestam a não ser para embriagar de mentiras os intelectos humanos" (GUINARD, 2014).

Ainda em 1558 foi publicado o opúsculo de Laurent Videl, amplamente citado no capítulo 1 (cf. supra, 30-31): *Déclaration des abus ignorances et séditions de Michel Nostradamus*. A duríssima crítica de Videl ao mago provençal teve um caráter eminentemente técnico; é evidente que Videl era um astrólogo de profissão, denunciando todos os erros daquele que se apresentava como o mais profundo conhecedor dos segredos das estrelas.

Entretanto, se nas obras impressas Nostradamus mostrava ser um católico convicto, suas missivas privadas denotavam uma postura bem diversa.

Em 13 de maio de 1562, o vidente escrevera a Lorenz Tubbe (com quem o leitor já teve oportunidade de ter contato; cf. supra, 39) uma longa carta na qual contava que em Aix-en-Provence, Durand de Pontevès, senhor de Flassans, líder da facção católica, arruinado pelas dívidas, teve acessos de fúria e, ofendendo os defensores da religião cristã por meio de inúmeras agressões e injúrias, não poupando ninguém da vexação, lançou mão de todo tipo de violência. O clero defendeu esse homem que protegia seus interesses; a massa o nomeou como cônsul, junto a outros dois da mesma estirpe. Mas isso foi como oferecer a espada a um homem furioso; se antes se enfureceu contra os cristãos, agora teria mais poder ainda, e toda noite rodava pela cidade, armado, na companhia de uma turma de escória e padres, cantando qualquer cantilena ofensiva contra seus inimigos, que em Friburgo, na Brisgóvia, se costumava cantar enquanto se lançavam pedras contra as casas dos suspeitos, mesmo se fossem personalidades poderosas, e cometendo outras inúmeras ações delituosas (DUPÈBE, 1983, 132-133).

Nessa carta, Nostradamus defende firmemente os protestantes, aos quais ele chama de cristãos, contra as violências dos católicos, chamados de papistas. Os padres são chamados literalmente de "sacerdotes dos sacrifícios" (*sacrificuli*, no texto latino; id., 133), com evidente desprezo, num sentido que os compara com rudes pagãos, mais parecidos com bruxos do que com homens de Deus.

Ao final da carta, Nostradamus informou seu jovem correspondente que tinha notícias de que os cristãos haviam conquistado Lyon: os huguenotes, de fato, tinham tomado a cidade em 29 de abril de 1562.

O próprio Nostradamus era suspeito de pertencer ao luteranismo em sua cidade (suspeito de pertencer "à religião cristã", escreveu; id., 132). Na mesma carta endereçada a Tubbe, contou que todos os que temiam violências dos fanáticos católicos fugiram de Salon com seus bens. E só ele permaneceu com a família, mas "a todo momento estamos expostos a graves perigos extremos não só arriscando todos os nossos bens, mas também a própria vida, e isso não por ordem do rei ou pela autoridade dos príncipes, mas pela fúria e pela loucura da massa" (ibid.).

Nostradamus recordava com pesar o que lhe acontecera apenas um ano antes, quando, incitados por um franciscano fanático, quinhentos católicos armados de bordões ferrados se lançaram na Sexta-Feira Santa de 1561 numa caçada aos hereges: "Entre os luteranos, como diziam, contava-se também Nostradamus" (id., 87), escreveu sobre si em terceira pessoa o mago. Para poder salvar-se teve que fugir para Avignon, onde ficou por mais de dois meses. E realmente os arquivos da esplêndida cidade dos papas ainda guardam um contrato, datado de 14 de abril de

1561, nos atos do notário Antoine de Béziers, por meio do qual Géraud de Rippe aluga a Michel de Nostredame parte de uma casa situada na paróquia de Saint-Agricol, rua da Servellerie, para a permanência de um ano e pela soma de dezoito escudos de ouro (LEROY, 1993, 96).

Mas Nostradamus não permaneceu tanto tempo nessa casa: a situação em Salon já se amenizara, e ele decide deixar a casa de Avignon a Jean Payot, chamado Dorgellet, que assumiu o contrato.

As desavenças com os católicos, porém, se iniciaram bem antes disso. Em 1538, quando Nostradamus era apenas um jovem médico e nada indicava que se tornaria um profeta vinte anos mais tarde, Michel acabou sob a perigosa suspeição da inquisição. Três franciscanos, Jean de Saint-Remyet, Jean Barenguié e Jean Vergnaudi, denunciaram que, quatro anos antes, na cidade de Agen, enquanto o primeiro entre eles estava vertendo o metal fundido nos moldes de estanho para confeccionar estatuetas da Madona para serem vendidas aos devotos, Michel de Nostredame lhe disse que estava fabricando diabinhos. Numa outra ocasião, o jovem médico, não sei se mais inconsciente ou por temeridade, disse ao frade Barenguié que, se pudesse, faria retirar todas as imagens sagradas das igrejas (BARRÈRE, 1856, 203).

Para fugir da ação inquisitorial do tribunal de Toulouse, Louis de Rochet, Nostradamus deixou Port-Sainte-Marie, onde morava naquela época (1538), e empreendeu uma viagem de estudos por toda a França, inclusive fora de seus confins (LEROY, 1993, 62-71).

Em 1562, exatamente o ano em que arriscara a vida, visto que seus concidadãos o consideravam um luterano, Nostradamus dedicou seu *Almanach pour l'An M.D.LXIII* (BENAZRA, 1990, 55; CHOMARAT, 1989, 37) a Francesco Fabrizio Serbelloni, primo do papa e chefe-geral das tropas pontifícias que combatiam sem piedade as forças protestantes. A dedicatória a Serbelloni data de 20 de Julho de 1562; em 13 de maio de 1562, apenas dois meses antes, Nostradamus escrevera a carta a Lorenz Tubbe onde comentava as perseguições papistas das quais eram vítimas os verdadeiros cristãos: Nostradamus esquizofrênico? Nostradamus, um agente duplo detestável? Seguramente, Nostradamus humano, tendo uma horrível morte que não poderia evitar se fosse revelada sua íntima simpatia profunda pela nova fé. Ele já assista às massas bradando, imprevisíveis, incontroláveis, que enchiam as ruas da cidade, que quebravam as janelas a pedradas, rompiam as portas com machados e invadiam as casas dos luteranos, saqueando-as quando seus habitantes já tinham fugido para salvar a vida. E, ademais, não nos esqueçamos de qual era sua profissão, sua *verdadeira* profissão: anunciava um futuro feliz aos seus clientes; como fazia qualquer comerciante (Nostradamus vendia futuro...), não podia desgostar do cliente; era católico com os católicos, se revelava protestante com os protestantes.

Com estes, Nostradamus mantinha um intercâmbio de correspondências secreto e confidencial. Os católicos eram a classe dominante no reino da França, e Nostradamus se dirigia a eles com o comportamento público que há entre súdito e príncipes: as dedicações de suas obras a altíssimas personalidades católicas, até o papa, constituem a face oficial de seu trabalho. No século XVI, lembremos, toda e qualquer obra impressa era dedicada a poderosos e ilustres personagens, dos quais o autor, com o ato de oferecer o livro e, portanto, reconhecendo a autoridade do destinatário da dedicação, esperava receber proteção e dinheiro.

Nostradamus fez o que todos os intelectuais da época faziam, dedicando suas obras aos poderosos. E, na França daquela época, os poderosos eram católicos; sua religião se identificava com a autoridade, que era justificada e imposta pela religião. Nostradamus pode ser indicado como um caso exemplar de nicodemismo, ou seja, a dissimulação de quem adere publicamente à religião oficial escondendo sua verdadeira crença.

> Nicodemitas — foi como Lutero qualificou aqueles que, depois de terem se convertido interiormente à Reforma, escondiam sua própria fé e continuavam a participar das cerimônias da igreja de Roma, assistindo à missa e recebendo os sacramentos. [...] Como fez Nicodemos, que procurara a Jesus durante a noite para dirimir dúvidas e questões, esses igualmente confessavam a verdadeira fé "de noite", no segredo de suas consciências (GINZBURG, 1970, XI).
> A ambiguidade de Nostradamus é evidente, e suas declarações de ortodoxia são gestos de prudência e oportunismo. A Lorenz Tubbe ele revelou a base de sua piedade: um evangelismo mais ou menos aos moldes luteranos, ao qual se mistura de forma estranha toda uma miscelânea neoplatônica (DUPÈBE, 1983, 21).

6. O código Nostradamus – Cinco séculos de fantasia (inócua?)

"Sempre predisse a verdade"

Tendo-se passado apenas cinquenta anos de sua publicação, as centúrias já eram objeto de interpretação, buscando-se extrair delas a mensagem escondida que velavam sob palavras obtusas e expressões distorcidas, às vezes numa sintaxe dura e inflexível. Antes do final do século XVI, as *Profecias* de Nostradamus eram lidas sem nenhuma intermediação crítica. Ninguém procurava a assim chamada "chave de Nostradamus", isto é, o critério secreto pelo qual o mago teria estruturado as quadras, que aparentemente são distribuídas de modo aleatório, mas que — segundo os nostradamianos — são alocadas com precisão numa grade cronológica. Tomavam-se as *Profecias* e estas eram lidas até que surgisse um elemento (um nome, um lugar, um evento) que criasse um impacto relacionado com aquilo que interessava encontrar; lia-se toda a quadra procurando compreender o que predizia, além daquilo que se acreditava ter compreendido.

Nostradamus era aceito sem reservas e sem filtros; sua declaração de conhecer o futuro era suficiente para os seus leitores como garantia e orientação. E ele não convencia apenas os leitores de almanaques de feira, mas também personalidades relevantes, como o embaixador da Sereníssima na França, Michele Suriano.

Em 1562, ele escrevia uma relação sobre as condições do reino francês; falando do jovem soberano Carlos IX, temia que o rapaz não permanecesse por muito tempo no trono, visto ser de "compleição débil e delicada". E, logo depois, acrescentava:

> Mas o que não é menos [minor] motivo de suspeição é que o astrólogo Nostradamus, quem já desde há muitos anos sempre previu a verdade de muitas calamidades que ocorreram na França (com o que conquistou a confiança de muitos), afirmou à rainha que ela veria todos os seus filhos serem rei. Dois deles, ele já viu, Francisco e Carlos. Restam dois, portanto, Alexandre, duque de Orleans, e Hércules, duque de Angiou; um com dez anos de idade, e o outro com sete, o qual, se ela deve vê-lo como rei da França, será preciso que esse morra [muoia] logo: o que seria a total destruição do reino. Isso porque, continuando por tanto tempo como menor impúbere (que até a idade certa é necessário que seja governado por tutores), demoraria muito para se ter um rei com autoridade suprema, que fosse temido pelos súditos, respeitado pelos vizinhos e estimado por todos, e que com alguma ação específica trouxesse reputação e grandeza àquela coroa (TOMMASEO, 1838, 542-543).

Como se vê, além de a predição de Nostradamus ser considerada altamente provável, o embaixador desenvolveu uma importante consideração política apenas baseado na profecia da morte precoce do rei infante Carlos IX. A profecia de Nostradamus foi a fonte de análises de um diplomático, como se fosse um despacho, um documento oficial. E o embaixador Suriano não teve constrangimento algum ao comunicar essa predição ao seu governo.

Em 1558, no assédio de Thionville, o rei pediu que se lessem as predições do almanaque de Nostradamus com o intuito de se descobrir como andariam as questões da guerra (BRIND'AMOUR, 1993, 33).

Assim se lançava mão de Nostradamus naquela época: se consultavam suas profecias e se procurava compreender algo que possivelmente tivesse a ver com os eventos sobre os quais se interrogava por meio do oráculo.

Em 1594, Jean-Aimé de Chavigny[1] publicou *La première face du Ianus François* (BENAZRA, 1990, 130-139), obra que deve ser considerada o

---

1. Os pesquisadores ainda não conseguiram estabelecer seguramente se Jean-Aimé de Chavigny e Jean de Chevigny são duas pessoas distintas ou se são a mesma pessoa.

primeiro comentário sistemático das predições do mago de Salon. Savigny intitulou essa sua obra imponente, mas de trezentas páginas, como "a primeira face do Jano francês", porque considerava Nostradamus o deus bifronte: seu primeiro rosto estava voltado para trás, ao passado, e Chavigny comentava muitas quadras para demonstrar que todas haviam previsto exatamente o futuro e muitas dessas previam o advento ao trono de Henrique IV, a quem se dedicava o livro; a segunda face de Jano, aquela voltada para o futuro, constituiria a segunda parte da obra, na qual o autor tentaria descobrir o futuro da França, decifrando as centúrias nostradâmicas, mas ele jamais escreveu essa segunda parte. Para tornar acessível a sua obra à comunidade europeia dos eruditos, Chavigny exige que seja publicada bilíngue: todo o texto francês apresentava a tradução em latim, inclusive as quadras, dispostas em elegantes hexâmetros.

La première face examina inúmeras quadras e outras predições de Nostradamus, mas a interpretação tem um único sentido: o futuro está nas mãos de Henrique IV; tudo que o precedeu tende ao advento glorioso desse soberano. E, visto que Chavigny tinha em mente qual deveria ser o fio condutor das centúrias, sua análise busca simplesmente a confirmação de seus temas. Para facilitar seu trabalho, o devoto exegeta referia os versos da mesma quadra a diversas épocas históricas. Assim fazendo, fica claro que o único método de decifração se torna o arbítrio do intérprete.

Quando Chavigny estava convencido de ter compreendido o sentido de uma quadra, distorcia a interpretação a fim de que coincidisse com os dados históricos. Um exemplo: a quadra IX.36, segundo Chavigny (1594, 274), descrevia o assassinato de Henrique III, apunhalado em 1589 por um frade fanático. O verso de Nostradamus que prevê esse fato, segundo Chavigny, é este:

Não distante da Páscoa confusão golpe faca[2].

Ambos aparecem relacionados a Nostradamus: Chavigny é o nome com que são assinados alguns livros de interpretação das *Profecias*; Chevigny é a assinatura daquele que escreveu pelo menos duas cartas ao vidente, em 1º de setembro de 1560 e em 7 de maio de 1563. Isso não é importante aqui. Cito sempre o Chavigny autor de comentários às centúrias.
2. "Non loin de Pasques confusion coup cultre."

Porém o atentado ao rei ocorreu em agosto daquele ano; a Páscoa caíra em 2 de abril, e mesmo um nostradamiano entusiasta como Chavigny não podia sustentar que o fato tivesse acontecido "não longe da Páscoa". Como saiu desse embaraço o caro Chavigny? Assim: "A verdade é que a conjuração poderia ter sido urdida nas Páscoas precedentes" (ibid.). Os nostradamianos de hoje não se comportam de modo diferente desse.

Em inúmeros casos, Chavigny confessa honestamente não compreender nada; assim, escrevia que o verso lhe era incompreensível e que o fato descrito lhe era desconhecido.

O ano de 1710 foi histórico para o estudo das *Profecias*, pois nesse ano foi publicado um livro que se mostrava inovador até no título: *La clef de Nostradamus*, de Jean le Roux, editado por Louvicamp, da diocese de Rouen (BENAZRA, 1990, 284-290).

Com le Roux entra na história dos nostradamianos a fatídica *chave*: o critério que irá permitir a leitura clara daquela gigantesca mensagem em código, que se pretende que sejam as *Profecias*.

O livro editado por Louvicamp — que iria morrer em 1716 — propõe um método de interpretação das quadras nostradâmicas que, segundo ele, devem ser abordadas sobretudo por meio da etimologia das palavras, de modo que mensagens aparentemente absurdas acabam se tornando compreensíveis. Um verso da quadra III.41, por exemplo, reza que:

O golpe voador prelado vazara o olho[3].

Para le Roux, a palavra *prelat* não identificava um prelado (jamais tem as iniciais em maiúsculas, observara le Roux), mas derivava do latim *praelatus* (LE ROUX, 1710, 12): levado adiante, parte anterior; se trata, portanto, de um adjetivo referido ao "golpe voador".

O curador de Louvicamp foi também o primeiro a localizar um autor que, a seu ver, Nostradamus teria seguido: o literato Franciscus Sylvius, isto é, François Dubois, cuja obra *Progymnasmata in arte oratoria* (1516) teria sido uma guia na criação poética do mago. Para le Roux, as *Profecias* são examinadas através do filtro da etimologia, das figuras retóricas, da

---

3. "Le coup volant prelat crevera l'oeil."

mitologia, dos símbolos alegóricos e históricos. Os versos que numa primeira leitura parecem de difícil compreensão desfazem seus nós quando se lhe aplicam as figuras estilísticas clássicas: sinédoques, elipses, sínteses, metaplasmas, aféreses, apócopes. Le Roux foi o primeiro a estudar a obra de Nostradamus sem recorrer a atos de fé, sem considerá-lo um caso excepcional na história da humanidade. Muitas das suas interpretações são aceitas e repetidas ainda hoje por nostradamianos que não o citam, e talvez nem sequer o conheçam.

Também Le Roux, que poderia ser chamado de o primeiro intérprete iluminista, isto é, racional, das *Profecias* se permitiu cair em especulações fantásticas: segundo ele, a *Carta a Henrique II* tinha como destinatário verdadeiro o rei Luís XIV, ou Luís, o Grande, porque a nenhum rei da França melhor se poderia atribuir os louvores e as qualidades elencadas por Nostradamus (id., 279).

Coincidentemente, Luís XIV, o Rei Sol, era o soberano reinante quando o curador publicou seu livro: evidentemente, os comentadores do *ancien régime* não poderiam senão crer que Nostradamus teria predito o triunfo do monarca, quem quer que fosse, de quem eles eram súditos.

O método do não método

Não é possível e não seria interessante elencar os diversos comentadores que no curso do tempo publicaram suas interpretações das centúrias.

É claro que precisamos dar um pouco de atenção ao que é o protótipo do nostradamiano: nele misturam-se um lúcido disparate e um método aparentemente racional; ademais, se considera que o próprio Nostradamus profetizara que ele teria sido quem desvelaria o arcano das profecias. Chamava-se Henri Torné (1826-1880); sua dedicação a Nostradamus era tamanha que ele agregou ao seu cognome o de Chavigny, porque se considerava discípulo do mago que ele venerava. Era da curadoria de La Clotte e de Saint-Denis-du-Pin (dioceses de La Rochelle), mas a partir de 1860 parece que sua atividade foi absorvida pela paixão que tinha pelas *Profecias*, a julgar pelas dezenas de livros, opúsculos, artigos e jornais que escreveu sobre esse único tema.

Torné estava convencido de que as *Profecias* de Nostradamus teria sido a continuação da Revelação de S. João (TORNÉ-CHAVIGNY, 1861). Ele se vê mencionado num verso das quadras, ou melhor, quer ver-se mencionado, visto que, como um bom nostradamiano que era, o abade Torné encontrava sempre aquilo que se espera encontrar. Assim, na quadra VIII.5, lê-se este verso: "*Apparoistra temple luisant orné* ("Aparecerá templo luzente ornado"), que se transformou em *Apparoistra temple luisan torné*, e eis que isso lhe assegurou ter sido chamado pelo nome por Nostradamus, como "lâmpada da profecia". A seu aviso, o vidente o haveria indicado também na quadra IX.1:

Na casa do tradutor de Bourc
as cartas serão encontradas sobre a mesa.
(NOSTRADAMUS, 1969b, 182)[4].

Bourc era sinônimo de La Clotte, assegurava o curador; o tradutor era obviamente ele próprio, que tornava o oráculo compreensível; as cartas sobre a mesa eram os escritos que se acumulavam sobre a escrivaninha do abade grafomaníaco.

Tudo isso seria suficiente, me parece, para julgar o valor da obra de Henri Torné, autoproclamado Chauvigny. *En passant*: o abade não foi o único nostradamiano que acreditava ter sido profetizado pelo mago; também um italiano, que há alguns anos passados teve certa popularidade, estava absolutamente convencido de encontrar seu próprio nome (ou o de alguém que lhe incumbia um trabalho) nas centúrias.

O livro principal de Torné se intitula *L'histoire predite et jugée par Nostradamus* ("A história predita e julgada por Nostradamus") e é dividido em três volumes. O primeiro publicado em 1860 em Bordeaux, na Imprimerie et Librairie Maison Lafargue, Coderc, Degreteau e Poujol, era o terceiro volume; em 1861 saiu o segundo volume; em 1862, o primeiro (CHOMARAT, 1989, 405-407).

O "método" de Torné consistia em encontrar nas centenas de quadras elementos que chamassem sua atenção; a partir daí, desenvolvia uma interpretação que confirmasse, de alguma maneira, a ideia geral

---
4. "Dans la maison du traducteur de Bourc / seront les lettres trouvées sur la table."

de partida. Torné era um monarquista ardoroso, e não sabemos se ele se tornou tal lendo Nostradamus ou se projetou sua crença política nas centúrias. Contudo, como sabemos, é verdade que as profecias do mago de Salon são uma exaltação contínua da aristocracia[5].

O desprezo do abade pelos movimentos de reivindicação popular era tamanho que ele não tinha dúvidas de que deveria "traduzir" o primeiro verso da quadra VIII.10, *Puanteur grande sortira de Lausanne* ("Grande fedor irá exalar de Lausane"), como preconização do congresso da Primeira Internacional dos trabalhadores que aconteceu em Lausane de 2 a 8 de setembro de 1867.

As predições das centúrias são tão vagas que não era difícil ao canônico entusiasta encontrar tantas "confirmações" ao seu ato de fé em Nostradamus.

Um exemplo paradigmático encontra-se na quadra VIII.59:

Duas vezes ao alto, duas vezes abaixo,
tanto o Oriente quanto o Ocidente enfraquecerá,
depois de muitas batalhas, seu adversário
caçado por mar, faltará o necessário.
(TORNÉ-CHAVIGNY, 1874, 32)[6].

Para Torné, isso representava, sem sombra de dúvidas, Napoleão:

Em Waterloo, Napoleão foi derrubado pela segunda vez de um trono ao qual se elevara por si mesmo duas vezes. [...] Ele enfraqueceu o Oriente com a campanha do Egito; o Ocidente, com quinze anos de guerras. [...] Depois de muitas batalhas, o seu mais encarniçado adversário, os ingleses, que estabelecera alguns acordos continentais com outros países contra ele, tendo-o combatido para além dos mares, faltou com o necessário ao Mártir de Santa Helena (ibid.).

Quando os versos não se mostravam suficientemente flexíveis às expectativas do exegeta, Torné os manipulava para alcançar o resultado

---

5. Nas *Profecias* a palavra *roy* ("rei") aparece 99 vezes; a palavra *prince/princes* ("príncipe/príncipes") consta 40 vezes; a palavra *paysans* ("camponeses") se faz presente uma única vez (IV.63).
6. "Par deux fois haut par deux fois mis à bas, / l'Orient aussi l'Occident foiblira, / son adversaire aprés plusieurs combats, / par mer chassé au besoing faillira."

esperado: na quadra VIII.62 aparece a palavra *Rosne*, o antigo nome do rio Ródano, que aparece mais dezesseis vezes nas centúrias e sobre cuja identificação não há dúvidas; mas, nesse caso, Torné busca derivá-lo do grego *ruon*, "torrente", decodificando-o como "a torrente revolucionária que ameaça convulsionar tudo" (id., 34).

Para encaixar as interpretações, Torné recorria a "demonstrações" intelectivas mirabolantes, que revelam não tanto erudição como a obsessão de querer crer que Nostradamus tenha previsto tudo, mesmo os detalhes mais minuciosos de um fato, como se fosse onisciente, dotado de visão universal divina.

Por exemplo: segundo o curador, Nostradamus teria definido o Palácio das Tulherias como *Palais oyseaux* ("Palácio pássaros"), visto que uma caricatura que apareceu em Paris durante a restauração mostrava algumas águias, emblema napoleônico, que entravam pelas janelas do palácio (TORNÉ-CHAUVIGNY, 1861, 45). E, para o fanático nostradamiano, essa "explicação" era *o grande segredo de interpretação*.

De sua leitura de Nostradamus, o abade Torné extraíra a certeza de que num futuro não distante retornaria a monarquia à França e Henri d'Artois, o conde de Chambord, subiria ao trono com o nome de Henrique V. Torné morreu em 5 de julho de 1880, quando a França era uma república (e continua sendo até hoje), e o conde de Chambord iria morrer três anos mais tarde; teria reinado nominalmente apenas sete dias em agosto de 1830, antes que o senado concedesse a coroa a Luiz Filippe de Orléans.

Outro exegeta que difundiu o mito de Nostradamus entre o público do século XIX e que continua a ser lembrado hoje, sem ser citado, é Eugène Bareste (1814-1861), que foi jornalista, crítico de arte, literato, tradutor de Homero, e que em 1840 publicou um livro que iria representar por muito tempo o protótipo da não ficção nostradamiana (BARESTE, 1840).

O livro de Bareste, que se intitula simplesmente *Nostradamus*, apresenta a estrutura típica de inúmeros textos fideístas sobre o vidente provençal. Começa com sua biografia, na qual cada lenda é apresentada como fato histórico; segue-se um *excursus* sobre as mais célebres profecias da história; e depois encontram-se as dez centúrias e, por fim, a sua análise, propondo o usual "método": compilar confirmações da exatidão de diversas quadras.

Um único caso é suficiente para mostrar como se pode confiar nessas "confirmações": Bareste interpretou a quadra IX.34 como previsão do retorno forçado a Paris do rei Luís XVI da fuga frustrada de Varennes:

A parte marido só será mitrado [lhe será posta a mitra sobre a cabeça]
retorno conflito passará sobre o teto de telhas:
de quinhentos uma traição será nomeado,
Narbona e Saulce por facas ter [temos?] azeite.
(NOSTRADAMUS, 1969b, 188)[7].

A quadra é muito obscura, mas não para Bareste (1840, 515), que afirma com entusiasmo: "A quadra relativa à captura de Luís XVI em Varrenes é surpreendente, mas eis uma outra que, a nosso juízo, é ainda mais surpreendente!". Para Bareste, o verbo "mitrar" se refere ao capuz frígio colocado na cabeça de Luís XVI; o "teto de telhas" indica o Palácio das Tulherias; "Saulce" seria o cognome daquele que traiu o rei, reconhecendo-o na taverna onde os fugitivos haviam se abrigado.

Nesse sentido, a quadra parece mesmo ser uma profecia decifrada; mas, para ser crível, uma verificação deve explicar todos os termos da predição. Bareste ignora o "conflito" que aparece no segundo verso: ele destaca a palavra que parece ser o coração da quadra ("retorno" a Paris), mas deixa de lado deliberadamente a palavra contígua, que não lhe serve, e até o perturba, na economia de sua "explicação". Assim também ignora o "quinhentos" do terceiro verso dizendo que antigamente a expressão indicava uma multidão genérica de pessoas. Admitindo que seja verdade, mesmo que eu tenha de afirmar que não encontrei nenhum testemunho disso, nem Bareste fornece a fonte de sua importantíssima informação. É preciso observar, porém, que em suas quadras Nostradamus costuma lançar mão de cifras, e todas as vezes com um significado qualificativo preciso. Na quadra III.94 e VII.11, Nostradamus escreveu *cinq cens*, e com certeza ele não tinha em mente uma quantidade indefinida. "Saul-

---

7. "Le part soluz mary sera mitré, / retour conflict passera sur le thuille: / par cinq cens un trahyr sera tiltré / Narbon & Saulce par couteaux avons d'huille". Para a tradução literal usei Clébert (1981, 349). Nalgumas edições *couteaux* é *conteaux*.

ce" indicaria Jean Baptiste Sauce, o prefeito de Varennes que ficou encarregado de guardar o rei e a rainha na noite de 21 de junho de 1791. Vamos aplicar o princípio da Navalha de Ockham: evitarei explicações que recorram a elementos que também devam ser explicados, e de forma mais difícil que os primeiros. "Saulce" é Salses, cidade fortificada ao sul de Narbona, a qual, por acaso, é citada justo na quadra. A grande fortaleza de Salses foi disputada e reivindicada aos espanhóis pelos franceses no início do século XVI; em 1503, as tropas invasoras de Luís XII fizeram explodir uma grande mina sob uma torre, e foi provavelmente a primeira na história da guerra moderna.

Com credulidade e fantasia podem ser feitas confirmações surpreendentes, mas, quando lemos Nostradamus sem a ânsia de encontrar milagres em cada página, tudo vai se tornando bem mais claro, simples e verossímil.

A última *star* nostradâmica do século XIX é Anatole Le Pelletier, que em 1867 publicou em Paris uma edição das *Profecias* com base nas edições publicadas por Pierre Rigaud em Lyon, incluindo as variantes da edição de Bonoit Rigaud (Lyon, 1568). Le Pelletier não propôs nenhum critério de decifração; seu trabalho seguiu o curso tradicional, com a análise das quadras e a busca de correspondências entre as obscuridades de Nostradamus e os fatos históricos que essas teriam predito. Le Pelletier coletou e repetiu as interpretações de outros velhos autores, sobretudo Bareste, mas também Torné; compilou um *Glossário da língua nostradâmica*, onde elencou e interpretou os vocábulos mais frequentes e enigmáticos das centúrias. Se trata de um dicionário nostradâmico passível de críticas, mas que se constitui na primeira tentativa de estabelecer certa ordem no caos linguístico do mago. No entanto, o esforço para encontrar a todo custo um significado certo e funcional levou Le Pelletier a erros e interpretações forçadas que continuam a ser repetidos igualmente ainda hoje. Eis alguns exemplos: a palavra misteriosa *adaluncatif* (X.96) para Le Pelletier deriva do latim *adalligatus* ("ligado a"), interpretação completamente equivocada. É muito mais provável que Nostradamus estivesse pensando num personagem islâmico, se *catif* é, como parece, uma corruptela de *calif* (erro de impressão, um truque de despiste do próprio autor).

Le Pelletier identificou *Androgyn* (II.45), isto é, "andrógino", com Androgeu, mas os dois personagens mitológicos são bem distintos e nada têm em comum. Igualmente fantasiosa é a tradução que ele faz de *Ascans*, "Ascânio" (X.27), por "zoppo", uma vez que deriva do grego *skàzon*. O termo de Nostradamus *emonopolle* (VIII.38) é uma palavra do antigo francês que pode ser encontrada também em Rabelais, *monopolle*, que significa "conjuração", "conspiração"; enquanto Pelletier considerava que a palavra tinha origem grega (*emòplos*) e significaria "sedento de sangue".

Na quadra X.62 aparece *Sorbin*, que pelo contexto pode-se ver que é seguramente um topônimo; Le Pelletier o identifica como *Subur*, que seria uma cidade espanhola em Tarragona; ou então *Suburra*, um quarteirão da Roma antiga; mas essas interpretações são evidentemente inverossímeis. *Olchades* (III.64) é definida como "Contrada do taragonês, na Espanha", na medida em que é bem provável que se trate de grandes navios de carga (*olchades*, em grego), visto que toda a quadra fala de frotas, invasões marítimas e portos. Podemos observar também que Nostradamus utilizou o mesmo termo em outras duas ocasiões em seus almanaques, sempre com o significado de "embarcação de transporte" (BRIND'AMOUR, 1996, 416).

Em pleno Segundo Império, Le Pelletier escrevia, e, nas suas interpretações, são muito frequentes os fatos e personagens daquela época: Napoleão III, que ele encontrou referido nominalmente no *grand neveu*, "sobrinho-neto", presente em algumas quadras, e que era sobrinho de Napoleão I, como filho de seu irmão Luís. *Aspre* indicaria Garibaldi, de Aspromonte, onde foi ferido. *Poil crespe*, "pelo" ou então "barba crespa" seria Vitório Emanuel II, que - sendo rigorosos ao respeito — não tinha barba crespa, mas barbicha e grandes bigodes. O papa Pio IX é indicado como *rose*, "a rosa" (?!).

Algumas quadras, segundo Le Pelletier, anunciavam o advento da subida de Napoleão III ao trono, mas outras anunciavam muito claramente sua queda. Para fugir da censura, Le Pelletier teve de apelar a elevadas especulações, jogos de espelhos, dignos dos aposentos imperiais das Tulherias. Diversas vezes, tentou invocar a ambiguidade expressiva do oráculo, pelo qual não era possível compreender se determinadas frases deveriam ser compreendidas em sentido ativo ou passivo: Napoleão II, "por medo, irá dobrar seu estandarte", ou então "será o neto imperial que fará os inimigos dobrarem seu estandarte pelo terror de suas armas?" (NOSTRADAMUS, 1969a, 266).

Então, quando na profecia se antevê a ameaça de uma reviravolta, uma inversão (*renversement*) no forte de Pau [uma comuna francesa nos Pireneus Atlânticos], Le Pelletier registra-o, mas se detém a esclarecer: "Creio que não possa não ser vantajoso [ao imperador] conhecer os destinos futuros, quaisquer que sejam, a fim de encontrar um conselho útil para sua sorte e sua glória, caso fatos dessa natureza, hoje absolutamente inverossímeis, possam vir a ocorrer no futuro" (ibid.).

Uma informação para conclusão: em 1851, Le Pelletier publicara um livro, *Le cycle universel (Heure supreme)*, "O ciclo universal (Hora suprema)", no qual previa o advento de uma teocracia mundial sob a autoridade do papa. Interpretando o Apocalipse e outras profecias bíblicas a seu modo, Le Pelletier chegou à conclusão de que Jerusalém seria libertada da dominação muçulmana entre 1896 e 1898.

A medida do absurdo

Com o advento do século XX, a moda nostradâmica acolhe e deturpa a nova mentalidade positivista. Falar de positivismo com os nostradamianos é algo paradoxal; compreendo por isso que, em suas divagações, eles pretendiam ostentar certa objetividade, por isso se lançaram a fazer cálculos que acabariam por desvendar a chave criptográfica de Nostradamus. Trata-se de outra consequência dos tempos: os exegetas têm certeza de que seu profeta teria disposto as quadras numa grade cronológica cujo critério foi ocultado propositalmente pelo autor, mas que pode ser recuperado examinando-se a arquitetura total das *Profecias*. Como sabemos, no passado, nenhum comentarista jamais supôs a existência de um código cifrado; atualmente, quase todos os nostradamianos estão convencidos de que deva existir esse código. A crença nostradamiana busca uma versão "científica" que torne mais sólida a explicação analógica entre quadras e fatos históricos.

O primeiro dessa escola é P. V. Piobb, ou seja, o conde Pierre Vincenti (1874-1942), cujo pseudônimo, Piobb, foi extraído de Piobbeta, cidade da Córsega onde teve origem a família (CADET DE GASSICOURT, s.d.). Pierre Piobb iniciou sua carreira como jornalista, primeiro científico e depois político; nos primeiros anos do século XX, deparou-se com o esoterismo, e foi um amor à primeira vista: de 1903 a 1905, consultou todos os manuscritos astrológicos, alquímicos, cabalistas que se encontravam na Biblioteca Nacional de Paris. Com alguns astrólogos e ocultistas, com o objetivo de recuperar e estudar os conhecimentos herméticos arcaicos, fundou a sociedade de ciências antigas, que compreendia membros de grande autoridade no universo do esoterismo francês da primeira metade do século XX: Oswald Wirth, François Jollivet-Castelot, Paul Vulliaud e Félix Cadet de Gassicourt, apenas para mencionar os mais conhecidos.

A Grande Guerra interrompeu o florescimento desses estudos esotéricos, e o próprio Piobb abandonou-os para retomar a atividade de jornalista político e tornar-se representante em Paris do primeiro governador militar do protetorado francês no Marrocos, o general Louis-Hubert-Gonzalve Lyautey. Em 1924, Piobb voltou a ocupar-se com as ciências herméticas e, de modo específico, com Nostradamus, proferindo uma conferência na Sociedade Teosófica Parisiense, que constituiu depois o primeiro núcleo do livro que publicou três anos depois: *Le secret de Nostradamus et de ses célèbres prophéties du XVIᵉ siècle*, "O segredo de Nostradamus e de suas célebres profecias do século XVI" (PIOBB, 1927).

Piobb afirmou ter descoberto um sistema crono-cosmográfico que, através de cifragens circulares e desenhos simbólicos sobre o mapa da França (a águia, o galo, o lírio etc.) deveria indicar a localização no futuro das quadras individuais. Li diversas vezes o capítulo em que Piobb expõe o seu sistema, mas devo confessar que nunca consegui compreender nada, apesar de meus esforços de seguir com atenção as explicações confusas e intrincadas do autor. Consolo-me pensando que não sou o único. Benazra escreve a respeito: "O caso Piobb é bastante sintomático, definitivamente, de inúmeros pesquisadores do esoterismo que acabam lançando descrédito sobre a ciência que se propõem a difundir" (BENAZRA, 1990, 470).

Piobb lançara a hipótese de que as quadras de Nostradamus teriam sido escritas em latim, e decidira igualmente que cada verso deveria contar seis palavras e não mais. Assim, para conhecer a verdadeira mensagem do vidente, será preciso traduzir o latim em texto francês. Por exemplo, o verso da quadra I.90, *Contre Gaulois sera leur tramontane*, originalmente era *Ad versum Gallum erit eorum transmontana*. O verso da quadra I.93, *Lion et Coq non trop confédérés*, era *Leo Gallusque non nimis foede rati*.

E uma vez que se me tornou impossível compreender o sistema empregado por Piobb, acabei limitando-me a verificar a que resultados chegou. Mas mesmo isso não se mostrou uma tarefa fácil, uma vez que Piobb tem um estilo não muito diferente do próprio Nostradamus: reticente, alusivo, fugidio. Uma das poucas declarações explícitas refere-se a outubro de 1999: "Naquela data, num avião, irá chegar aquele que governará o terror" (PIOBB, 1927, 142) e irá causar a destruição de Paris.

Para Piobb, Nostradamus indicara o ano de 1933 como "data cardeal" em que teria acontecido "um fato importante no âmbito político" francês (id., 193), um "novo regime criado pela nova constituição", que teria "aliviado a carga de impostos" (id., 216). Mas nada disso aconteceu.

Em 1950 foi publicado um livro que parecia resolver definitivamente o quebra-cabeça das *Profecias*. Um grande editor de Paris publicou um ensaio que elogiava o prefácio de Claude Farrère, da Academia Francesa. Esse era assinado por Roger Frontenac, que se qualificava como ex-oficial da marinha militar francesa, encarregado das cifras (FRONTENAC, 1950). É quase certo que se tratava de um pseudônimo: Claude Farrère, em seu prefácio, que imitava o estilo e a mentalidade do século XVI, fez uma admissão importante: "Esse homem", escrevia o acadêmico a propósito do autor do livro, "se chama como lhe apraz, mas se faz chamar de mestre Roger Frontenac" (id., 10). Ademais, existe um romance de François Mauriac, de 1933, que se intitula *Le mystère Frontenac*, "O mistério Frontenac".

Frontenac — ou quem quer que seja na verdade — tentou reconstruir o sistema criptográfico que ele supunha formar a base da estrutura das centúrias. O pesquisador não inventou diagramas absurdos, mas buscava os intervalos recorrentes entre quadras relativas a um mesmo período. Todavia, nesse cálculo, Frontenac considerou não apenas as poucas quadras que apresentam de forma clara uma data, mas lançou mão também daquelas em que havia indicações cronológicas com base astrológica (e sabemos bem como essas eram pouco confiáveis em Nostradamus), além daquelas que o autor considera previsões seguramente verdadeiras. Isso foi suficiente para colocar em suspeita toda a pesquisa de Frontenac: sua decifração tem como fundamento a *crença na faculdade profética efetiva de Nostradamus*; assim, se procura encaixar uma metodologia científica numa perspectiva irracional; os resultados disso não têm nenhuma plausibilidade de fato.

Edgar Leoni (1982, 101), com muita propriedade, criticou o ensaio de Frontenac do seguinte modo: "A chave secreta é o mesmo e antigo jogo dos números de Piobb". Frontenac anunciou ter descoberto duas chaves criptográficas que Nostradamus teria usado para misturar as quadras segundo um critério; uma chave é literal e produziria uma frase latina na qual o vidente afirmou ter preconizado o futuro graças à inspiração da Cabala.

No entanto, a suposta descoberta de Frontenac não tem valor algum. Ele jamais publicou sua pesquisa, mas, sim, apenas os pretensos resultados; ele justificou essa omissão inacreditável com um sofisma francamente inadmissível: "a análise árida e demorada", escreveu ele, "teria entediado o leitor". Mas como assim? Já faz quatro séculos que esperamos para conhecer a chave secreta de Nostradamus, e Frontenac finalmente a descobre, mas não a expõe, pois, temia que pudéssemos contrair dor de cabeça frente a suas pregações?

Com esse pretexto, eu poderia publicar um livro em que afirmaria que descobri uma profecia oculta no *Orlando furioso* (em que, eu sei, Ariosto previu exatamente o pouso na Lua em 1969), mas não digo como cheguei a essa descoberta para não entediar o leitor. Desse modo, seguramente não se poderá recuperar uma leitura séria e confiável de Nostradamus.

Nostradamus? Internet!

Na trágica data de 11 de setembro de 2011, os acessos à internet aumentaram muito em relação à média normal, e isso não é de admirar:

a *web* é a melhor fonte de notícias em tempo quase real. Naquele dia, o termo mais procurado no mecanismo de buscas do Google foi "CNN", com um pico de 6 mil buscas por minuto. Em segundo lugar vinha o termo "World Trade Center"; depois, seguiam-se "BBC", "Pentágono" e "Osama Bin Laden".

Em sétimo lugar, logo nas primeiras horas depois do desastre, o termo mais procurado — chegando a duzentas buscas por minuto — foi "Nostradamus". No final da semana depois do ataque às Torres Gêmeas, o termo "Nostradamus" ocupou o primeiro lugar nos termos de busca mais expoentes (*gaining queries*): não havia nenhum outro termo mais buscado do que esse (ALBINI, 2001, 31).

Realmente desconcertante: a arcaica busca de respostas oraculares unida à novíssima forma de conhecimento, símbolo de uma aldeia global eletrônica...

Nem vou tentar sugerir aqui alguma hipótese de leitura desse fenômeno, pois não sou um psicólogo cognitivo. Vou limitar-me a uma observação: a internet é o reino de Nostradamus. Sem filtros, sem controle[8], na *web* a pseudoexegese dos nostradamianos pode saciar-se e multiplicar-se. Assim abundam os falsos textos atribuídos ao mago provençal; publicam-se quadras tão eivadas de erros que quase nada mais sobra do texto original; vão se repetindo sem nenhuma sombra de dúvida ou qualquer tentativa de verificação as afirmações mais incríveis, tomadas como verdade; quadras que tradicionalmente já têm certo modo de interpretação são lidas de uma forma completamente diferente, para serem adequadas aos novos eventos e aos novos personagens

É comum os jornais e a tevê extraírem do oceano da internet as informações mais mirabolantes dos nostradamianos, para que o círculo da falsa informação se feche e se autoalimente.

Diante desse fenômeno de credulidade geral, de nada adianta escandalizar-se e procurar as causas mais profundas. Talvez seja uma característica de nossa espécie buscar respostas impossíveis por meios

---

8. Escrevo isso apenas para descrever o fato, não como julgamento ou crítica dissimulada. Quero esclarecer que sou absolutamente contra qualquer forma de censura na rede (excluindo os casos criminais, é claro).

absurdos. O futuro nos inquieta porque é desconhecido por definição (como se pode conhecer aquilo que ainda não existe?), mas é inevitável; todos estamos *condenados ao futuro*. Assim, quando a razão não nos satisfaz suficientemente, nos voltamos ao mistério. E, muito embora se demonstre claramente que Nostradamus jamais fez previsões exatas, os nostradamianos vão continuar suas especulações abstrusas. A cada fato trágico que abala a atenção do mundo — um atentado, um terremoto, uma epidemia, um incêndio, as eleições presidenciais estadunidenses etc. —, as leituras fideístas das centúrias vão se mostrar como ponto de referência. E vamos ver repetir-se ainda, tanto na rua quanto na tela, e sobretudo na internet, a frase "Nostradamus tinha previsto isso".

Conclusão – O (verdadeiro) mistério de Nostradamus

Não é difícil "interpretar" as quadras com o "método" dos nostradamianos. Basta encontrar alguns versos que nos lembrem determinados eventos ou algum personagem histórico, melhor ainda se for popular, e depois jogar com as semelhanças: enfatizar as semelhanças visíveis, ampliar as possíveis e inventar as ausentes.

Eu mesmo me diverti bastante *procurando uma confirmação surpreendente* da exatidão de uma profecia. Eis aqui a quadra II.80:

> Após o conflito a eloquência do vencido
> por um breve tempo se trama uma falsa trégua:
> os grandes não aceitam a liberação pelo resgate:
> os inimigos são levados a preocupações.
> (NOSTRADAMUS, 1984, 82)[1].

É *evidente* que nesses versos Nostradamus previu a afirmação de Adolf Hitler no primeiro pós-guerra. Realmente, o ditador chamou a atenção a princípio por sua influente eloquência depois da derrota da Alemanha na Primeira Grande Guerra. A "falsa trégua" é a paz que se seguiu ao primeiro conflito mundial, que Nostradamus — e aqui

---

1. "Apres conflit du lesé l'eloquence / par peu de temps se tramme faint repos: / point l'on n'admet les grands à délivrance: / les ennemis sont remis à propos."

é preciso acrescentar, com lucidez impressionante — definiu como uma trégua incerta porque não conseguiu trazer uma paz duradoura ao mundo, que, pelo contrário, recaiu numa guerra gigantesca e ainda mais terrível, apenas vinte anos depois. A Alemanha não aceita as condições de ressarcimento — o "resgate" — impostas pelos grandes, isto é, as nações vencedoras, o que força os velhos inimigos dos alemães a novas preocupações.

Como se vê, a quadra assim *interpretada* parece apresentar um significado claro e convincente. Se eu fosse um nostradamiano, declararia estar estupefato, quase sem acreditar na exatidão com que o vidente conseguiu antecipar quase quatro séculos antes o clima de convulsão que sucedeu a frágil paz do Tratado de Versalhes.

Na verdade, escolhi essa quadra porque continha algumas palavras-chave (a eloquência do vencido, a paz incerta, o ressarcimento) que chamaram a minha atenção para um evento histórico que o evocava. Fiz isso como passatempo, mas há quem considere isso um elevado exercício de interpretação.

É claro que a questão de Nostradamus se inicia muito antes de navegarem pelos livros que repetem até os dias de hoje, de algum modo, suas profecias.

Antes de procurar verificar o futuro do mundo predito pelo mago de Salon, é preciso aceitar que a previsão é algo possível, e isso é um divisor de águas crucial. É claro que quem não admite a possibilidade do conhecimento do futuro considera Nostradamus um representante da cultura de seu tempo e nada mais. Mas isso não significa que Nostradamus tenha sido um charlatão, um trapaceiro; ele estava plenamente convencido de estar imerso no fluxo da sabedoria divina absoluta; estava tomado da mais alta boa-fé quando declarava receber diretamente do espírito do mundo as respostas às perguntas que formulava seguindo o ritual da magia apolínea.

Os nostradamianos iniciam sua atividade de interpretação depois de ter decidido que:

a) é possível conhecer o futuro, até nos mínimos detalhes, com séculos de antecedência;
b) Nostradamus conheceu o futuro com exatidão.

Esses dois postulados básicos pautam sua leitura das centúrias. Eles aplicam o princípio de Popper da falsificabilidade ao contrário: jamais procuram desmentidos, mas apenas confirmações que não podem faltar, como acontece na metafísica.

Eis um exemplo: o médico legista Giorgio Giorgi, um dos fundadores do Centro de Estudos Parapsicológicos de Bolonha, assim interpretou a quadra II.24, da qual apresentou esta versão:

Bestas fabulosas de formas, arrastadas através de rios
de muitas partes do campo ao encontro Hister será,
em jaula de ferro, o grande fará arrastar
quando ninguém observará a Alemanha.

Nessa quadra eu veria os carros armados, arrastados por Hitler (note-se a coincidência: Hister é o antigo nome do Danúbio), percorrendo a Europa, quando ninguém pensava que a Alemanha estava preparando algo semelhante (GIORGI, 1976, 46-47).

Parece-me, porém, que a explicação histórica seja aproximativa: quando Hitler arrastava seus carros armados percorrendo a Europa, já havia um bom tempo que se sabia do rearmamento da Alemanha. Mas vamos avante verificando a análise. O texto original da quadra diz o seguinte:

Bestas ferozes por fome rios atravessar:
a maior parte do campo contra Hister será,
em jaula de ferro o grande fará arrastar,
quando Reno menino germânico [ou irmão?] observará.
(NOSTRADAMUS, 1984, 71)[2].

Como se vê, Giorgi estava fantasiando sobre um outro texto só em parte semelhante ao de seu Nostradamus. "Bestas fabulosas de forma" podem evocar tranquilamente os carros armados, mas seguramente não "bestas ferozes por fome". Giorgi tomou *Rin*, o rio Reno, por *rien*, pronome indefinido. E em Giorgi sumiu aquele *enfant*, o "menino", que

---

2. "Bestes farouches de faim fluves tranner: / plus part du camp encontre Hister sera, / en caige de fer le gran fera treisner, / quand Rin enfant Germain observera."

evidentemente não combinava muito com a imagem dos carros armados que girava pela Europa como enxame espalhando morte e destruição. "Nenhum outro documento profético, mesmo tratando-se do Antigo Testamento e do Apocalipse de S. João", comenta Giorgi (1976, 22), "pode ser comparado à obra profética de Nostradamus pelo número de eventos previstos, pela precisão dos seus efeitos e causas, até nos mínimos detalhes, pelas datas das ocorrências, pelos locais e pelos personagens".

Com efeito, se o exame das centúrias for realizado do modo como vimos aqui, a precisão da obra profética não tem por limite senão a cultura e a fantasia do exegeta, o qual pode colocar na boca de Nostradamus o que bem lhe vier à mente e encontrar nas profecias tudo aquilo que imagina.

Aquela mesma quadra, a II.24, seis anos depois da interpretação feita por Giorgi, era lida por Jean-Charles de Fontbrune (1983, 259) do seguinte modo: "Atravessar-se-ão os rios como bestas ferozes e esfomeadas. A parte maior do campo (de batalha) será no Danúbio. O grande (Mussolini) será arrastado num caminhão quando já não se poderá mais observar nada do infame alemão (Hitler)".

Também nesse caso, o intérprete usou de ampla liberdade: a jaula de ferro se torna um caminhão, e o menino, coitado, se transforma em infame. Não se compreende, nem o autor nos informa, por que razão o grande deveria ser Mussolini e o infame, Hitler: o que autoriza essa identificação? Talvez Nostradamus fosse fascista?

Se os nostradamianos são assim tão pouco confiáveis, por que é que continuam a ter tanto sucesso midiático? Por que continuam a encontrar editores para seus livros e encontrar espaço disponível nos jornais? Por que Nostradamus continua sendo publicado depois de quase quinhentos anos? Por que, enfim, o vidente de Provença continua tendo seu público hoje?

Antes de tudo, as *Profecias* são constituídas de um abundante material: são 3.768 (isto é, 942 vezes 4) versos sobre os quais os intérpretes podem trabalhar; uma tal quantidade de material bruto permite as mais variadas possibilidades; nenhum texto profético renascentista é assim amplo. Em seu poema profético, Nostradamus disseminou dezenas de nomes de pessoas, de nações e cidades, rios, montanhas, eventos, animais e plantas. São inúmeros os fatos e as figuras simbólicas, até os mais estranhos. Nostradamus disse *tanta* coisa, sem nunca *nada* esclarecer; e é justamente essa profusão de fluxo narrativo que provoca e envolve os nostradamianos: eles não precisam nada mais que ir repassando as quadras e escolher as que lhes parecem apresentar dados interessantes, úteis à sua caçada de corroboração.

O método dos nostradamianos é um não método que não exige grandes competências; portanto, qualquer um pode improvisar-se como intérprete. Esses não precisam se preocupar com a correção dos textos em que trabalham, e isso é duplamente estranho quando se pensa que atribuem importância decisiva à mínima palavra, ao menor detalhe expresso por seu herói. Acreditam que Nostradamus teria visto até os mínimos detalhes de episódios futuros, mas não se preocupam em saber se os versos sobre os quais constroem suas teorias estouvadas são realmente aqueles pensados e escritos pelo mago infalível.

Outra razão da longuíssima e inalterada sorte de Nostradamus é uma *campanha publicitária em seu favor* que se iniciou logo depois de sua morte, e se pode afirmar inclusive que já se iniciara quando ainda estava vivo.

Em 17 de outubro de 1564, Nostradamus recebeu em Salon a visita do rei Carlos IX e de sua mãe, Catarina de Médici. Certamente foi uma grande honra para ele, mas é preciso esclarecer também que o soberano e a sua corte aproveitavam um momento de calmaria nas acidentalíssimas questões da França para fazer um *tour* a fim de mostrar que o poder régio ainda estava intacto; enfim, se tratou de propaganda e nada mais. Nós conhecemos bem esse encontro porque seu filho César estava presente e, apesar de ser ainda criança, se lembrava do fato e o registrou por escrito (LEROY, 1993, 97-99).

Apesar de ter sido convidado, Nostradamus se recusou a compor o cortejo que foi ao encontro do rei; queria estar só e queria sobretudo que fosse o rei a chamá-lo: o mago sempre foi um excelente autopromotor.

Saudou Carlos com um sonoro verso de Ovídio: *Vir magnus bello, nulli pietate secundus*, "homem poderoso na guerra, a ninguém o segundo pela piedade". No entanto, o homem era um garoto de 14 anos, ao qual o *infalível* vidente previu noventa anos de vida (BRIND'AMOUR,

1993, 49-50), mas que morreu dez anos mais tarde, sem ter cumprido nenhuma grande campanha militar. E sobre a piedade de que deu prova, basta afirmar que ele era totalmente favorável aos massacres da Noite de São Bartolomeu. Naquela mesma ocasião, Nostradamus revelou a Catarina que o pequeno rei, seu filho, desposaria Elisabete da Inglaterra, que no momento tinha 30 anos. Me parece inútil informar que a profecia não se realizou.

Esse encontro com Carlos e Catarina é apresentado pelos nostradamianos até os dias de hoje como uma das mais claras provas da estima e da honra que gozava seu favorito. Mas pode-se ver aí também a demonstração de como o vidente sabia orquestrar uma cenografia a seu favor, na qual ele queria figurar a parte do inspirado.

Logo depois de sua morte, Nostradamus se torna o protagonista de uma lenda dourada, criada pelo seu filho César e Jean-Aimé de Chavigny. Esse último, um literato, criou a epígrafe para colocar como epitáfio do mestre. Essa não se resume a elogiar o falecido, mas serviu também para fomentar o mito da infalibilidade do vidente:

> Restos mortais do ilustríssimo Miguel de Nostradamus, cuja pena quase divina, a juízo de todos, foi julgada como a digna de escrever, segundo a influência dos astros, os eventos futuros de todo o mundo. Viveu 62 anos, seis meses e dez dias. Morreu em Salon em 1566. Póstumos, não invejai seu repouso. Anna Ponzia Gemella augura ao seu ótimo esposo a verdadeira felicidade (PIGANIOL DE LA FORCE, 1753, 231)[3].

Sobre a sepultura de Nostradamus logo nasceram as lendas: dizia-se que o mago havia deixado instruções para que fosse depositado sentado na tumba, com papel, pena e tinteiro, além de uma lâmpada (uma lâmpada eterna, obviamente), de modo que pudesse continuar infinitamente a escrever predições, uma mais exata que a outra.

Não poderia faltar a lenda da profanação da tumba com a sucessiva punição fatal do réu, e eis que, então, surgiu de súbito uma história

---

3. "OSSA CLARISSIMI MICHAELIS NOSTRADAMI UNIUS OMNIUM MORTALIUM IUDICIO DIGNI CUIUS PENE DIVINO CALAMO TOTIUS ORBIS EX ASTRORUM INFLUXU FUTURI EVENTUS CONSCRIBERENTUR. VIXIT ANNOS LXII MENSES VI DIES X OBIIT SALLONAE AN. MCLXVI. QUIETEM POSTERI NE INVIDETE. ANNA PONTIA GEMELLA SALONIA CONJUX OPT. V.F.".

sinistra: durante a guerra da Revolução Francesa, a tumba do mago foi saqueada pois estavam em busca de chumbo para fundir e fazer projéteis. Um guarda nacional de um batalhão de Marselha teria afundado a tampa e esparramado os ossos (uma variante da história fala sobre o usual brinde feito no crânio usado como taça), mas já no dia seguinte o sacrílego foi enforcado por ter assaltado uma casa. Segundo outra variante, foi morto numa emboscada perto de Lançon (LEONI, 1982, 40).

Pode-se dizer que o cadáver de Nostradamus ainda estava quente e já se estavam difundindo as afirmações de sua infalibilidade. Logo se desencadeou o efeito avalanche que constitui a origem das lendas, dos boatos e das fábulas; toda vez que se repete a versão originária, vão se enriquecendo os detalhes cada vez mais mirabolantes.

Em cada uma de suas atividades, Nostradamus é considerado imenso e excepcional, mesmo na profissão de médico. As biografias fantásticas contam maravilhas a seu respeito, o que salvou a cidade do flagelo da peste. Visto que Nostradamus conhecia o futuro, não poderia ignorar os recursos terapêuticos que seriam usados com sucesso no século XX.

As ideias de Nostradamus revelam um médico com conceitos de higiene e prevenção muito mais avançados do que seus colegas da época (GIORGI, 1976, 25).

Vamos analisar, então, esses conceitos tão avançados. Nostradamus nos deixou sua pesquisa sobre o remédio contra a peste, comprimidos para que se desmanchassem lentamente na boca e aos quais ele atribuía um poder imunizante tão forte que escreveu: "Não encontrei nenhum outro medicamento que fosse tão preventivo contra a peste do que essa composição: todos os que fizeram esse procedimento ficaram imunes. [...] Para aqueles que não o tomavam, a morte era imediata" (BARES-TE, 1840, 26-27).

Eis então a receita da pastilha contra a peste:

Tome uma onça da serragem ou aparas da madeira de cipreste, o mais verde que puder encontrar, seis onças de íris de Florença, seis onças de cravos, três adarmes de cálamo aromático, seis adarmes de lenho de aloés. Pulverize tudo e não deixe tomar ar. Depois, tome trezentas ou quatrocentas rosas vermelhas, bem limpas, bem frescas e colhidas antes de cair o orvalho; amasse-as bastante e coloque-as no pó. Quando tudo estiver bem misturado, forme pequenas pastilhas chapadas em forma de trocisco[4] e deixe-as secar na sombra (id., 26).

Não sou médico, mas ouso afirmar que, quando Aix-en-Provence, em 1546, confiou sua sobrevivência às pastilhas perfumadas de Nostradamus, foi um golpe de sorte para a cidade provençal não se ter transformado numa colina de cadáveres.

Nostradamus teve excelentes admiradores, como Pierre de Ronsard e Jean Dorat, célebres poetas do grupo das Plêiades que acreditavam que ele fosse uma autêntica pessoa inspirada pela divindade. Naqueles mesmos anos em que Ronsard cantava a visão inefável que permitia ao vidente predizer o futuro, circulavam dois versos latinos que formavam um jogo de palavras com os termos "Nostradamus" e "Nostra damus" ("damos coisas nossas"); trata-se de um dístico publicado pela primeira vez em 1568 no livro *Xenia seu ad illustrium aliquod Europae hominum nomina allusionum*, do humanista flamengo Karl von Utenhove:

Nostra damus cum verba damus, quam fallere Nostrum est,
et cum verba damus nil nisi Nostra damus.
(UTENHOVE, 1568, 108)[5].

O epigrama é genial e moderníssimo: todas as certezas que presenteamos ao mundo nada mais são que palavras vazias porque a vocação do homem é enganar (e enganar-se). Mas esses versos, tão famosos que foram citados até pelo jovem Leopardi em sua *Storia dell'astronomia* de 1813, jamais colocaram em crise a confiança no mago de Salon. Parece que nada consegue arranhar sua extraordinária lenda. Por que será?

Ora, ao final dessa longa viagem pelo labirinto escuro das centúrias, podemos também nós apresentar uma resposta à antiga pergunta: qual é o segredo de Nostradamus?

O verdadeiro e inatacável segredo é a fé secular em Nostradamus. Muitos acreditam que verdadeiramente toda a história mundial futura

---

4. Na farmacopeia medieval e renascentista, o trocisco era uma pastilha amassada, formada pela mistura e compressão de diversos pós, usando-se xaropes como liga.
5. "Damos do nosso quando damos apenas palavras, pois enganar é tipicamente o nosso, / e quando damos somente palavras não damos outra coisa que do nosso."

esteja registrada no livro mágico de Nostradamus; basta finalmente encontrar a chave de interpretação que irá tornar as quadras claras e seguras, que parecem tão intrincadas não por causa da obscuridade de seu maravilhoso autor, mas por causa de nossa ignorância. E, mesmo quem não tem um posicionamento tão claro e favorável em relação ao mago de Salon, via de regra, não costuma negar mas simplesmente suspender seu julgamento a respeito: *não se ouve falar* nunca que as *Profecias* fossem uma miscelânea de fantasias túrbidas. Há inclusive quem acrescente observações confusas sobre as infinitas possibilidades da mente humana que ainda não conhecemos, ou acenos incertos sobre universos paralelos, buracos negros e portais espaço-temporais.

Enquanto escrevo, tenho sobre minha mesa, próximo ao teclado de meu computador, um jornal de sexta-feira, 13 de agosto de 1981. Mostra um quadro com umas vinte linhas:

> *O apocalipse será em 2016.* A terceira guerra mundial, que irá estourar antes de 1990, irá durar três anos e sete meses. Depois de um período de paz até 1999, o despertar do poder árabe irá desencadear um novo conflito que durará 27 anos. Será o fim da civilização ocidental. Roma e o Vaticano serão destruídos. Foi o que previu Nostradamus.

Essas divagações foram publicadas não no jornalzinho de glutonerias de Roccasbilenca, mas no *Stampa* de Turim; e se encontrava na terceira página, que, numa época, se dedicava à cultura.

Repetir durante décadas que a guerra é inevitável e que irá ocupar o nosso futuro, declarar durante décadas, como revelação inspirada, que a paz só poderá vir após um conflito mundial catastrófico, tudo isso acaba tendo consequências, por ser algo inócuo como se narrassem por séculos os contos da Cinderela. Lembram o que aconteceu em 11 de setembro? Do mundo inteiro, a *web* recebia duzentas perguntas por minuto sobre o tema de Nostradamus, porque as pessoas acreditavam que um mago morto 435 anos antes poderia compreender a tragédia absurda de um evento incompreensível.

As profecias de Nostradamus são como uma mensagem subliminar que repete incessantemente às massas, durante séculos, o mantra da *guerra e da dor inevitáveis*: tudo isso não pode ficar sempre sem consequências. Considerar que a guerra é inevitável é preparar-se para sofrer ou até fazer a guerra.

Este é o verdadeiro mistério de Nostradamus: buscar sua promessa de horror, colocando-o como referência para encontrar nele a revelação de nosso futuro, que se torna cada dia mais inquietante.

Pro bono malum.

Apêndice

Nas tabelas a seguir são indicados os topônimos, os nomes mitológicos e os nomes de personagens históricos ou célebres da época de Nostradamus que se encontram nas *Profecias*. Uma condição prévia necessária: por mais que se procure ser escrupuloso, não é possível assegurar que absolutamente todos os termos tenham sido identificados. Nostradamus distorce-os, oculta-os, modifica-os. Mas as faltas são tão poucas que não prejudicam os resultados da pesquisa. Os lugares onde aparecem são indicados de acordo com as edições, aqui chamadas de seções, em que se encontram. Um exemplo para esclarecimento: o topônimo *Aegee* (Egeu) não se encontra na primeira edição de 1555, só consta uma única vez na segunda (1557) e jamais consta na terceira edição (1558). Portanto, Nostradamus pensou e escreveu essa palavra apenas em 1557. Para os termos que aparecem em todas as três seções é relevante, antes, *quantas vezes* aparecem em cada uma dessas; no caso de *Alpes*, por exemplo, vemos que se faz presente duas vezes na primeira seção, três na segunda e duas na terceira.

Alguns topônimos são seguidos por um ponto de interrogação; isso significa que o contexto nos fornece a certeza, ou outra probabilidade, que se trate de um topônimo, mas que não é possível nenhuma identificação. Isso implica também as formas adjetivadas dos respectivos topônimos. Enfim, muitas vezes com variantes, esses são reportados na versão mais usada por Nostradamus.

Topônimos	I Seção (1555)	II Seção (1557)	III Seção (1558)
Aegee		V.95	
Affrique		IV.68, V.11, V.23,V.48, V. 69	
Agine	I.79		
Ainault	II.50		
Aix	I.71, II.88		
Alane		V.58	
Alein	III.99		
Alemagne	III.78	IV.94	X.51
Alpes	III.33, III.39	V.20,V.68, VI.28	VII.20, VII,31
Ambraxie			IX.75
Americh			X.66
Anconne	I.75, II.74, III.43		VIII.9
Angiers	I.20, III.51		
Anglaquitaine			IX.6
Angleterre	III.70	V.51	VIII.76, X.100
Angolesme			X.17
Angolmois			X.72
Angon	I.90		
Antibe			X.23
Antibol	III.82		
Antipolique			X.13
Antipolles			X.87
Anvers			IX.49, X.52
Apamé			IX.95
Aquilloye	I.58	IV.69, V.99	
Aquin		VII.31	
Aquitaine	III.32, III.83, II.1	IV.74	
Arabie		V.55, V.74	
Araxes	III.31		
Arbissel			IX.39
Arbois		V.82	
Arduenne		V.45	
Arethusa	I.87		
Aretin	III.12		
Argiels (anagr. Algiers)	I.73		

Topônimos	I Seção (1555)	II Seção (1557)	III Seção (1558)
Arimin			IX.2
Arles	I.71	VII.2	VIII.68, X.93, X.94
Armenie	III.31	IV.95, V.50, V.54, V.94	
Artois		V.59	
Asie	III.3, III.60, IV.50	IV.68, VI.80	X.75
Asop (?)	II.22		
Ast	II.15	IV.73	
Athenien		V.91	
Attique		V.31	
Aude	III.85		
Ausonne	II.63, III.70, III.86, IV.34, IV.48	VII.22	
Auspurg	III.53	V.12, VII.4	
Auster	I.82		
Austriche	I.82		
Autun	I.22, II.74		
Avignon	I.71, III.56, III.93		VIII.38, VIII.52, IX.41
Babel	II.30		
Babylon	I.55		VIII.96, X.86
Balenne (?)	II.32		
Balez (?)			IX.29
Barcelonne	I.73, III.88	VI.56, VI.64, VII.10	VIII.26, IX.42, X.14
Basle	III.53		
Bayonne			VIII.85, VIII.86, IX.63
Bayse			VIII.35
Beaune	IV.17		
Belgique		IV.81, V.13, VI.83	
Beluzer (?)			VIII.30
Benac	II.73		
Besier	III.56		
Bethique	III.20		
Betta (?)			X.61
Bigorre	III.25	IV.76, IV.79, V.98	VIII.86

177

Topônimos	I Seção (1555)	II Seção (1557)	III Seção (1558)
Bisance	I.40, II.49, IV.38	V.25, V.54, V.70, V.80, V.86, VI.21, VI.53, VII.36	VIII.39, VIII.51, VIII.83, IX.30, IX.73, X.62
Blave		VI.60	
Blaye			IX.38
Bleteram			VIII.36
Blois	I.20, III.51, III.55	IV.77, V.34	VIII.38, VIII.52, IX.21, X.44
Blyterre (?)		IV.94	
Boheme		V.91, V.89	
Bologne		V.94	VIII.53, IX.13
Boristhenes	III.95		
Borne			VIII.5
Bouq	I.28		
Bourdeaux	I.72, I.79, I.90, III.9, IV.44		
Bourges		IV.3	IX.93
Bourg Lareyne			IX.86
Bourgoigne	I.80, II.76		IX.15, IX.59
Brabant		V.94, VI.30	
Brannonices		IV.74	
Bresle			IX.69
Bresse	I.6	V.82, VII.31	
Bretaigne	II.1, III.57, III.70	IV.96,V.34, V.99,VI.7, VI.41, VI.53	VIII.58, X.26, X.40
Breteuil			VIII.5
Britanne			X.7, X.25
Brodes (?)	III.92, IV.3		VIII.34
Brucelles	II.15, II.50	IV.81, VI.47	IX.49, X.54
Brudes			X.62
Brundis		V.99, VII.31	
Brunsuic			X.46
Buffalorre			VIII.12
Burançois (?)			IX.13
Cahors	IV.44	VII.12	
Calais			VIII.45, IX.88
Calpre	I.77, III.78	VII.10	

Topônimos	I Seção (1555)	II Seção (1557)	III Seção (1558)
Cambray			X.45
Campaine	II.31, II.84, III.52		
Capaidille			VIII.50
Capitolin			IX.32
Capue		V.99	X.60
Carcari (?)			IX.39
Carcassonne	I.5, III.62	V.100	VIII.67 (?), IX.10, IX.71, X.5
Carmanie	III.90		X.31
Carpentras		V.76	IX.41
Cassilin	II.31		
Castillon/Castulon	I.31, I.93		VIII.48, X.9
Caussa			X.41
Cavaillon		V.76	
Celtique	II.69, II.72, II.85, II.99, III.83, IV.4	IV.63, IV.99, V.1, V.10, V.99, VI.3, VI.4, VI.28, VI.53, VI.60	
Chalon	I.22, III.69, IV.17		
Chambery			X.37
Charlieu			IX.29
Charlus			X.41
Chartres	III.49, IV.42	IV.61	IX.86
Chasteauneuf			IX.67
Cherronesse	III.68	V.90	
Chersonnez			IX.91
Chio		VI.55	
Cipres	III.89	V.17, VI.53	
Cité d'Agrippine		VI.4	
Cité d'Antenoree		VI.76	
Cité de Plancus	III.46		
Cité franche	IV.16	V.35	X.41
Cité marine		VII.13	VIII.17, IX.48
Cité neuve	I.24, I.87	VI.97	IX.92, X.49
Cité rebellee			V.33
Cité solaire	I.8	V.81	
Cité vieux		IV.82	
Collonne			VIII.67

Topônimos	I Seção (1555)	II Seção (1557)	III Seção (1558)
Cologne		V.43, V.94, VI.40	
Condon	I.79	IV.72, V.97	VIII.2
Cordube	III.20		VIII.51, X.44
Corinthe	II.52, III.3		
Corseigne	III.87		
Corsibonne			IX.54
Corsique		VII.6	
Cremone	I.24		
Crest			IX.67
Crete	I.98		
Crustamin	III.21		
Cyclades	III.64	V.90	
Cydron			X.63
Dace		V.51, VI.7	
Dalmatie	II.32, II.84		IX.60
Damazan			VIII.35
Dannemarc	IV.27	VI.41	IX.33
Danube		V.68, VI.49	
Digeon	IV.17		
Dinebro			VIII.56
Dolle	I.100, IV.42	V.82, VI.47, VII.4	
Drux			IX.57
Duero	III.62		
Durance	III.99		VIII.1
Egee	III.89		
Eguillon		IV.79	
Egypte	I.40, II.86, III.77	V.25	
Emorre (?)			X.61
Ephese	II.52, III.3		
Epire	I.74		
Esclavonie	II.32	IV.82	
Escosse	III.78	V.93	X.66
Espagne	I.19, II.39, III.8, III.25, III.54, III.78, III.86, VI.2, IV.3, IV.5, IV.36	IV.54, IV.94, V.14, V.49, V.55, V.59, V.87, VI.12, VI.15	VIII.54, IX.25, IX.78, X.48, X.95
Esperie	I.28, II.65, IV.36, IV.50	IV.99, V.40, VI.56	X.81, X.94

APÊNDICE

Topônimos	I Seção (1555)	II Seção (1557)	III Seção (1558)
Etrusque	I.26, IV.35	IV.58	
Europe	I.52, II.22, III.35	VI.80	VIII.15, X.48, X.75, X.86
Euxine pont		V.54	
Evreux		IV.100, V.84	
Favence	III.74	VII.32	
Ferrare	I.58, II.15	IV.73, V.99, VII.27	VIII.67
Ferte Vidame			IX.59
Fertsod (?)			IX.74
Fesulan		VII.8, VIII.16	
Fez		VI.54, VI.80	
Flandres	III.17, IV.19	V.94	IX.18
Flora-Florence	II.84, III.74	IV.60, V.3, V.39, VI.36, VI.48, VI.77, VII.8, VII.32	VIII.7, VIII.18, X.33
Foix	III.25	V.100	VIII.12, VIII.39, IX.63, IX.73
Foussan	I.58, III.96	VII.30	
France	I.34, I.73, I.78, II.2, II.34, III.14, III.15, III.23, III.24, III.27, III.55, III.57, III.99, IV.2	IV.93, V.18, V.42, V.49, V.77, V.80, V.87, VI.12, VI.16, VII.3	VIII.4, VIII.46, VIII.67, IX.52, IX.55, IX.58, X.16, X.26
Frankfort	III.53	VI.87	
Freins-Freius	III.82		X.23
Fucin	II.73		
Gaddes			IX.30
Gale	III.53		
Gand	II.16, II.50, IV.19	V.94	IX.49, X.83
Gange	II.60, IV.51		
Garonne	II.25, II.33, III.12, III.43	VI.1, VI.79	VIII.2, VIII.35, IX.37
Gascogne		VI.86	
Gaudole		IV.97	
Gaule	I.31, I.51, I.70, II.29, II.72, III.83, IV.5, IV.12, IV.36	V.54, VI.7, VI.83	VIII.58, VIII.60, IX.33, X.58
Gaulois	I.6, I.90, II.39, II.63, II.69, II.78, II.94, III.49, III.100, IV.37	IV.54, IV.91, V.40, VI.85, VII.25	VIII.32, IX.38, IX.75, X.34, X.38

181

Topônimos	I Seção (1555)	II Seção (1557)	III Seção (1558)
Gauloise	I.18, II.59, II.99, III.38, III.87	V.3, VII.20, VII.34	
Geneve	IV.9, IV.42	VII.4	VIII.6, IX.44
Gennes	II.3, II.64, IV.37	IV.59, IV.60, IV.66, V.28, V.64, VI.78, VI.81, VII.30, VII.39	IX.42, X.24, X.60, X.92
Germanie	II.24, II.39, II.87, III.32, III.57, III.76, III.90	V.43, V.74, V.94, VI.77	IX.90, X.35
Gironde	II.61	V.34, VI.79	
Gominge		V.100	
Gorsan			VIII.22
Goussan			IX.56
Granade	III.20	V.55	
Grecs/greque	I.83		IX.78
Grenoble	IV.42		IX.69
Guien	I.27, III.8	VII.31	IX.6, IX.85
Guise		VII.29	
Hadriatique	II.86, III.21, III.23		
Hadrie	II.55, III.11		X.38
Haynault	IV.19		
Hebro	III.12	VI.88	
Herault	II.86		
Hetrurie		V.39	
Hister	II.24	IV.68, V.29	
Hongrie		V.89	
Hyrcanie	III.90		
Iberie	III.20		
Ilerde	I.89		
Illirique sinus			IX.28
Imole	III.74	VI.77	
Insubre	II.65, IV.19, IV.36, IV.37	VII.15	
Ionchere			X.11
Ionique	III.64		
Ispalme (?)			IX.6

APÊNDICE

Topônimos	I Seção (1555)	II Seção (1557)	III Seção (1558)
Italie	I.51, I.60, II.72, III.68, IV.4	IV.54, IV.77, VI.12, VI.38, VI.42	IX.33
Italique	I.93, II.39	V.6, VI.41	
Iudee	III.97		
Laigne			X.48
Landes	III.25	IV.79	
Langres	I.22, II.50, III.51, IV.42	IV.98, V.82, VI.47, VII.4	
Languedoc		VII.31	IX.6, IX.85
Lauragues			X.5
Lausanne	IV.9		VIII.10
Lauxois			IX.13
Laye			X.52
Lectore	I.46		VIII.43
Leman	I.47, II.73, III.12	IV.74, IV.94, V.12, V.85, VI.81	
Leryn		VII.37	
Libique	I.9	V.13, V.14	
Ligure	III.39		
Limoges	IV.44		
Limosins	III.8		
Linterne			VII.8
Lisbon			X.5
Loire	I.89, II.25, II.60	V.68, VI.79	IX.21
Lombardie		V.42, VI.16	
Londres	I.26, II.16, II.51, II.68, IV.46	IV.89, VI.22	VIII.6, IX.49, X.40, X.66
Loron	III.25		VIII.1
Lorrain		VII.24	X.18, X.50, X.51
Losanne	IV.9, IV.42		
Lubecq			IX.94
Lucques			IX.5
Lunage (?)			VIII.11
Lusignan			VIII.24
Lusitaine			IX.60
Lutece	II.88		IX.24
Luxembourg			X.50

183

Topônimos	I Seção (1555)	II Seção (1557)	III Seção (1558)
Lygonnois			IX.98
Lygustique	III.23	IV.68	
Lyon	I.72, II.83, II.85, III.56, III.93	V.25	VIII.3, VIII.6, VIII.34, IX.69, IX.70, X.59
Lyonnais		VII.4	
Lysie	III.60		
Macedoine	II.96		
Madric		VII.26	
Malte		IV.68, V.14	VIII.6, IX.61, X.60
Mammel (?)			X.44
Mannego			X.60
Mans		VII.10	
Mansol	IX.27	V.57	X.29
Mantor (?)			IX.22
Mantove	I.24, III.32		
Marmande			VIII.2, IX.85
Marne	II.63	VI.43	
Marnegro		V.27, VI.55	
Maroq		VI.54	
Marsan		IV.72	
Marseille	I.71, I.72, III.86, III.88		X.24, X.88
Mascon	III.69		
Massiliolique port			IX.28
Mausol			VIII.34
Melite	II.49		IX.98
Mellile		VI.45	
Memphis			X.79
Mende	IV.44		
Mesopotamie	III.61, III.99	VII.22	VIII.70
Messine			IX.61
Methelin port		V.27	IX.32
Metz			X.7
Meuse			X.50
Milan	III.37, IV.34	IV.90, V.99, VI.31, VI.78, VI.87, VII.32	VIII.7, VIII.12, IX.95, X.64

Topônimos	I Seção (1555)	II Seção (1557)	III Seção (1558)
Milhau	IV.44		
Mirande	I.46		VIII.2
Mirandole		VII.4	
Mitilene	III.47		
Modene		IV.73	IX.13, X.60
Moissac		VII.12	
Monech	II.4, III.10, IV.37	IV.91, VI.62	VIII.4, X.23
Monserrat			VIII.26
Mont Adrian			VIII.86
Mont Apennins	II.29, III.39, III.43	V.61	
Montauban	III.56		
Mont Aventin	III.17		
Mont Aymar			IX.68
Mont Cenis		V.61	
Mont de Bailly			IX.69
Mont Dole		V.82	
Montferrant	I.66		
Mont Gaussier		V.57	
Monthurt		IV.79	
Mont Iura	II.83		VIII.34
Mont Lebron	III.99		
Mont Lehori			IX.87
Montmelian			X.37
Montmorency			IX.18
Montpellier	III.56		
Montpertuis			VIII.24
Mont Poenus		VI.99	
Mont Royal		VII.32	
Monts d'Esperie	IV.36		
Monts Germains	III.67		
Monts Noriques	III.58		
Mont Tarpee	III.96	V.32	
Moraine			X.37
Moselle	I.89		
Mysie	III.60		
Mysne			IX.94
Nanat (?)			VIII.85
Nancy			VIII.3, IX.18, X.7

Topônimos	I Seção (1555)	II Seção (1557)	III Seção (1558)
Nantes	I.20, IV.46	V.33, VI.44	
Naples	I.11, II.16, III.25, III.74	V.43, VII.6	VIII.9
Narbon	I.5, I.72, I.99, II.59, III.92	IV.94, VI.56	VIII.22, IX.34, IX.38, IX.63, IX.64
Navarre	III.5	IV.79, V.89	VIII.44, X.45
Nebro (?)			X.25
Negrepont	II.3, II.21		
Negresilve		VI.16	
Nemans		V.58	X.6
Nersaf (anagr. di Franse)			VIII.67
Nerte		VII.37	
Nice	III.82	V.64, VII.19, VII.30	IX.26, X.60, X.87
Nicopolle			IX.91
Nismes	III.56	V.59	IX.9, X.94
Nolle	III.74		VIII.38
Norlaris (anagr. Lorrains)			VIII.60, IX.50
Normande			IX.7, IX.30
Norneigre		VI.7	
Nuremberg	III.53	VI.15	
Ocean	II.68, III.1, III.9, III.90		IX.48
Olympique			VIII.16
Ongrie	II.90		VIII.9, X.62, X.63
Orgon	I.90	V.62	
Orguion	II.73		
Orleans	I.20, III.51, III.66	IV.61, V.89	VIII.42, X.45
Palerme	II.16	VII.6	VIII.9
Palestine	III.97		
Pamphylie	III.60		
Pamplonne			VIII.26
Pampon (?)			VIII.1
Pamyes			IX.10
Pannonie		V.47	IX.90, X.61

Topônimos	I Seção (1555)	II Seção (1557)	III Seção (1558)
Paris	III.51, III.56, III.93	V.30	VIII.67, IX.45, IX.86
Parme		IV.69, IV.78, V.22, VI.48, VII.5	
Parpan			IX.15
Parpignan		VI.56	VIII.22, VIII.24, X.11
Parthe	III.64		
Pau	III.75		VIII.1, VIII.44
Paulle		IV.70	
Pelligouxe			X.25
Peloncle (?)			VIII.89
Peloponnesse		V.90	
Perigort	IV.44	IV.76	
Perouse		V.67, VI.36, VII.5	VIII.47
Perse	I.70, II.96, III.64, III.77, III.78	V.25, V.27, V.86	X.21
Pharos		V.16, V.27	
Phocen port	I.18, III.79, III.90		IX.85, X.58
Picardie		VI.16	
Plombin			IX.26
Po	II.26, II.33, II.43, II.63, II.94, III.12	VII.30	
Poitier	I.90		VIII.52
Polonne		V.51	
Ponteroso			VIII.49
Portugues			X.5
Pradelles	I.66		
Prato			IX.2
Provence	II.59	V.43	IX.75
Ptolon		VII.3	
Punique	I.9, II.60, II.78, II.81		
Puola			IX.30
Pymond			IX.45
Pyrenees	II.17, II.74, III.62, IV.2	IV.70, IV.94, VI.1, VI.88, VI.99	IX.64, X.11
Raguse			X.63

Topônimos	I Seção (1555)	II Seção (1557)	III Seção (1558)
Rapis (anagr. Paris)		VI.23	
Ravenne	I.6, II.32	VI.26	VIII.72, IX.3, IX.54
Reims	I.20, I.26, III.18, IV.46	IV.86	
Renes	I.20		
Resviers			VIII.3
Rhin/Ryn	II.24, III.58	IV.68, V.12, V.43, V.68, VI.40, VI.87	
Ribiere			IX.16
Roane	III.9		IX.88
Rochelle	II.61, III.9	VI.60	IX.38
Rocheval	I.77		
Rodanes	II.3		VII.91
Rode/Rodes	II.49, IV.44	V.16, V.47, VI.21	
Romaigne	IV.36		
Romain	II.97, II.99, III.63, III.65	V.13, V.14, V.56, VI.1, VI.7, VI.66, VII.8	VIII.4, IX.32, IX.84, X.20, X.91
Romanie		IV.82, V.50	VIII.60
Rome	III.12, III.43	IV.98, V.22, V.30, V.46, V.62, V.99, VI.6, VI.20, VI.28, VI.68	VIII.9, IX.3, IX.33, IX.41, X.18, X.64, X.65
Rosne	II.25, II.60, II.74, II.96, III.12, IV.3	IV.76, IV.94, V.17, V.68, V.71, VII.22	VIII.38, VIII.46, VIII.62, IX.68, IX.85
Roubine	III.85		
Rouen	III.9, III.44, IV.19	IV.61, IV.100, V.84, VI.60	
Rubicon	II.72		
Sacarbance (?)			X.61
Sagonte	IV.3		VIII.50
Sainct Aulbin			VIII.36
Sainct Felix		IV.72	
Sainct Georges			IX.31
Sainct Hieron			X.63

APÊNDICE

Topônimos	I Seção (1555)	II Seção (1557)	III Seção (1558)
Sainct Iean de Lux			VIII.85
Sainct Iulian			X.37
Sainct Marc			IX.33
Sainct Memire			VIII.42
Sainct Morre			VIII.12
Sainct Nicolas			IX.30
Sainct Pol de Mauseole			IX.85
Sainct Quintin	IV.8		VIII.54, IX.29, IX.40
Sainct Solonne			IX.23
Salerne		VII.6	
Sallon	IV.27		X.62
Samatobryn		VI.5	
Samothrace	IV.38		
Saone	II.25	VI.79	
Sardaigne	II.81, III.87	VII.6	VIII.49, VIII.88
Sardon (?)			VIII.6, X.6
Sarragousse	III.75		
Saulce			IX.34
Saulne			VIII.36
Saurome	III.58		
Savillan		VII.30	
Savone	I.75	V.88, VI.62	VIII.9, IX.39, X.60
Saxe		VI.44	X.46
Scelde			X.52
Scerry			IX.39
Sclavonie			X.62
Secile/Socile	I.11, II.4, II.15, II.71, III.25	V.43, VII.6	IX.28, IX.42
Seine	I.89	VI.43, VI.79	
Seysset	IV.42		
Siene	I.75, II.84	VI.6, VI.48, VI.58	VIII.7, X.60
Sorbin (?)			X.62
Sorgues		VII.21	
Souisses	IV.9		
Sparte		V.90, VI.84	

189

Topônimos	I Seção (1555)	II Seção (1557)	III Seção (1558)
Suses	II.16		
Suze		VI.6	
Sveve	I.61, II.83		
Syracuses	II.16		
Syrie	III.97		
Tag	II.60, III.12		VIII.61, X.25
Tain		VI.79	
Tamins/Tamise	II.61	VI.43	VIII.37
Tarasc/Tarascon	IV.27		VIII.46
Tarbe			X.29
Tarn	III.43		
Tarraconne		VII.22	
Tartarie		V.54	
Tende			X.11
Tharse		VI.85	
Theroanne			IX.88
Thesin	II.26, II.72	VI.79	
Thessalie	I.98		IX.91
Tholentin			VIII.39
Tholosain			IX.72
Tholose	I.72, III.45		VIII.30, VIII.39, VIII.86, IX.9, IX.10, IX.37, IX.46, X.5
Thrace			IX.75
Thunes			VIII.50, IX.42
Ticin		IV.90, VI.78	VIII.7
Touphon			IX.87
Tournon	I.66		
Tours	I.20, II.14, IV.46		VIII.75
Tousquane	I.100, III.32	V.3, VII.20	
Transmenien			VIII.47
Trapesonce		VI.55	
Trasimen		VI.39	
Trebisonde		V.27, VII.36	
Trieste			VIII.84
Tripolis		VI.55	

APÊNDICE

Topônimos	I Seção (1555)	II Seção (1557)	III Seção (1558)
Troye	I.19, III.51	V.74, V.87, VI.52	
Tucham			VIII.22
Tunys	I.73	VI.53, VI.54	X.56
Turby			IX.39
Turin	I.6, I.58, II.15	V.88, V.99, VI.78, VII.27, VII.30	VIII.3, VIII.8
Turinge		V.100	
Turque terre		IV.58	
Tuscie	II.84, III.42		
Tymbre	II.43, II.93, III.12	V.63	
Tyrren	III.62, III.90	V.95	
Ulme			VIII.34
Uticense		V.58	
Valence			VIII.11, IX.67
Var			VIII.97
Varennes			IX.20
Varneigne	III.99		
Vast		VII.27	
Vatican		VI.12	
Vaultorte			IX.20
Verceil			VIII.7
Verone	I.12, II.33, III.75	VI.26	VIII.33
Veront (?)			IX.39
Vicence	III.75		VIII.1
Vienne	I.82	V.94	IX.70, X.61, X.94
Vigilanne (?)			VIII.3
Ville franche			X.41
Vitemberg		VI.15	
Vitry			IX.58
Viviers	I.66		
Vlisbonne			IX.54
Volsicque		VII.21	
Vratislave			IX.94
Vultry			IX.26
Zara			VIII.83

Nomes mitológicos	I Seção (1555)	II Seção (1557)	III Seção (1558)
Achilles		VII.1	
Androgyn	II.45		
Antenoree		VI.76	
Artemide	IV.27		IX.74, X.35
Bellephoron (Bellerophon)			VIII.13
Champs Helisees			IX.97
Deucalion	II.81		X.6
Diane	II.28		IX.12
Endymion	II.73		
Ennosigee	I.87		
Gorgon			VIII.79
Gryphon			X.86
Hercules	IV.23	V.13, V.51	IX.33, IX.93, X.27, X.79
Hermes/Mercure	IV.29		IX.12, X.75, X.79
Iris	I.17	VI.44	
Latone	I.62		
Lemures			X.44
Libitine	II.93		
Magues			X.21
Mamon			X.18
Mandragora			IX.62
Meduse/Medusine			IX.84
Myrmidon			IX.35
Neptune	I.77, II.59, II.78, III.1, IV.33	VI.90	
Ogmion		V.80, VI.42	VIII.44, IX.89
Phaeton	II.81		
Phebes	III.97		
Phybe			X.55
Praytus			VIII.13
Satyre	III.90		
Sereine	II.14		
Silene	II.58		
Troys soeurs (Parques)	I.76		

APÊNDICE

Nomes mitológicos	I Seção (1555)	II Seção (1557)	III Seção (1558)
Vesta			X.6
Vestales		IV.95	IX.9
Vulcan	IV.29		IX.74

Nomes históricos	I Seção (1555)	II Seção (1557)	III Seção (1558)
Agrippe		VI.91	
Agrippine	III.53		
Annibal/ Annibalique	II.30, III.93		
Antoine		IV.88	IX.91
Ascans			X.27
Capion			VIII.29
Caton			VIII.26
Cesaree	I.33		
Claude		VI.84	
Clement			X.27
Colonna			VIII.67, IX.2, X.64
Compagnie (Gesuiti)			X.91
Duc d'Albe		VII.29	
Ferdinand			IX.35
Grand de Guise		VII.29	
Grande Loyse			IX.59
Grand Montmorency			IX.18
Hipolite		V.52	
Iule			X.27
Lorrain			X.18
Mahommet/ Mahumetique	I.18, II.86, III.20, III.23, III.64		
Mendosus (anagr. Vendosme)			IX.45, IX.50, X.18
Navarrois	III.25		

Nomes históricos	I Seção (1555)	II Seção (1557)	III Seção (1558)
Neron			IX.17, IX.53, IX.76
Nicol			IX.59
Philipp/Phi.			VIII.81, IX.30, IX.89, X.7
Sol(i)man	III.31		
Traian		V.66	
Ulpian			VIII.66
Urban		VI.85	
Ursins			X.38

Referências bibliográficas

ALBINI, A. Internet e Nostradamus, in: *"Scienza & Paranormale"*, 9, 40 (2001), 31.

ANDREATTA, S. Alessandro Farnese, in: *Dizionario biografico degli italiani*. Roma: Istituto della Enciclopedia italiana, vol. XLV, 52-70, 1995.

BARESTE, E. *Nostradamus*. Paris: Maillet, 1840.

BARRÈRE, J. *Histoire religieuse et monumentale du diocèse d'Agen*, t. II. Agen: Achille Chairou, 1856.

BARTKOWSKI, I. The Weather of February 1524: An Astrological Deluge, in: *"Weather"*, 51, 2 (1996), 64-68.

BENAZRA, R. *Répertoire chronologique Nostradamique (1545-1989)*. Paris: La Grande Conjonction Guy Trédaniel éditeur, 1990.

BENINCASA, R. *Almanacco perpetuo di Rutilio Benincasa Cosentino, e diviso in cinque parti da Ottavio Beltrano*. Veneza; Combi e Lanoù, 1661.

BLOCH, M. *I re taumaturghi. Studi sul carattere sovrannaturale attribuito alla potenza dei re particularmente in Francia e in Inghilterra*. Torino: Einauldi (ed. or. 1924), 1973.

BOLL, F.; BEZOLD, C.; GUNDEL, W. *Storia dell'astrologia*. Roma-Bari: Laterza (ed. or. 1926), 1977.

BONATTI, G. *De Astronomia Tractatus X universum quod ad iudiciarium rationem nativitate, aeris, tempestatum attinet comprehendentes*. Basileae: Jacob Kuendig, 1550.

BOSCOLO, R. *Gerusalemme. La pietra di inciampo dele nazioni (ONU)*. Disponível em: https://renuncioboscolo.com/2017/12/13/al-kud-la-santa-ge

rusalemme-un-mulino-di-profezie-nel-vaso-di-pandora-speranza-e-lattesa-di-una-vera-pace/. Acesso em: fev. 2018.

BRIND'AMOUR, P. *Nostradamus astrophile. Les astres et l'astrologie dans la vie et l'oeuvre de Nostradamus*, Les Presses de l'Université d'Ottawa. Ottawa: Editions Klincksieck, 1993.

_____ (ed.). *Nostradamus. Les premières centuries ou "propheties" (édition Macé Bonhomme de 1555). Edition et commentaire de l'Epître à César et des 353 premiers.* Genebra: Librairie Droz, 1996.

_____. *L'astrologie chez Nostradamus*. Disponível em: https://cura.free.fr/xxv/22abrinda.html. Acesso em: fev. 2018 (s.d.).

BRINTEL, J.; STTUBS D. The mirabilis liber: Its Compilation and Influence, in: *"Journal of the Warburg and Courtauld Institutes"*, 49 (1986), 126-149.

BRUZZO, F.; FANIZZA, F. (edit.). *Giulio Cesare Scaligero e Nicoló d'Arco. La cultura umanistica nelle terre del Sommolago tra XV e XVI secolo.* Trento-Riva del Garda, Provincia Autonoma di Trento-Comune di Riva del Garda, 1999.

CADET DE GASSICOURT, F. *Piobb: Pierre Vicent (1874-1942)*. Disponível em: https://www.matermius.fr/biographies/pibb-pierre-vicent-145.html. Acesso em: fev. 2018 (s.d.).

CARDANUS, H. *In: Cl. Ptolemaei de astrorum iudiciius*. Basileae, Officina Henricpetrina (1ª ed. 1534), 1578.

_____ (ed.). *Aphorismorum astronomicorum segmenta septem in Hyeronimi cardani medilanensis philosophi ac medici celeberrinimi Operum Tomus Quintus quo continentur Astronomica, Astrologica, Onirocritica.* Lugduni: Sumptibus Ioannis Antonii Huguetan & Marci Antonii Ravaud, 1663.

CARLSTEAD, A. *La poésie oraculaire de Nostradamus: Langue, style et genre des Centuries*, Stockholm, Universitet Stockholm, Institutionen for franska, italienska och klassika sprak-Département de français, stockholm d'italien et de langues classiques, 2005.

CASALI, E. *Le spie del cielo. Oroscopi, lunari e almanacchi nell'italia moderna.* Torino: Einaudi, 2003.

CÉARD, J. *La nature et les prodiges: L'insolite au XVI siécle.* Genebra: Libraire Droz, 1996.

CHAVIGNY, J.-A. DE. *La première face du Ianus François, contenant sammairement les troubles, guerres civiles & autres chose mémorables advenuses en la France & ailleurs dés l'an de salut MDXXXIIII jusques à l'an MDLXXXXIX fin de la maison Valessiene. Extraite et colligee des centuries et autres commentaires de M. Michael de Nostredame [...].* Lyon: Pierre Roussin, 1594.

_____. *Commentaires du Sr. De Chavigny beaunois sur les Centuries et Prognostications de feu M. Michaelde Nostradamus.* Paris: Anthoine du Brueil, 1596.

CHOMART, M. *Bibliographie Nostradamus XVI-XVII-XVIII siècles*. Baden-Baden-Bouxwiller: Valentin Koerner, 1989.

CLÉBERT, J. P. (ed.). *Nostradamus mode d'emploi. La clé prosphéties*. Paris: Lattès, 1981.

CORNELIO AGRIPPA, E. *La filosofia oculta o la magia*, vol. II. Roma: Edizioni Mediterranee (ed. or. 1531), 1972.

CORTESI, P. *Nostradamus profeta di corte*. Chieti: Solfaneli, 1993.

CRINITUS, P. *De honesta disciplina*. Lugduni: apud Seb. Griyphium, 1554.

CUOMO, F. *Le grandi profezie. Una nueva chiave di lettura dele piu celebri predizioni dela storia, dall'antico Egito a la Bibbia, da Nostradamus a Fatima*. Roma: Newton & Compton, 1997.

DALL'AGLIO, S. L'inganno di Nostradamus. Sulla dependenzia dell'Epître à César dal Compendio di revelazioni di Savonarola, in: "*Bruniana & Capaneliana*", 9, 2 (2003) 437-443.

DALL'OGLIO, A. *Europa, unità e divisione*. Milão: Dall'Oglio, 1962.

D'AVENEL, G. *Histoire economique de la propriété, des salaires, des denrées et de tous les prix en general, depuis l'an 1200 jusqu'en l'an 1800*, vol. IV. Paris: Ernest Leroux, 1898.

DEBUS, A. G. *L'uomo e la natura nel Rinacimento*. Milão: Jaca Book (ed. or. 1978), 1982.

DUBY, G. (org.). *Storia della Francia*, vol. I. Milão: Bompiani (ed. or. 1991), 1997.

DUMÉZIL, G. "*...Il monaco nero in grigio dentro Varennes*". *Sotie nostradamica seguita da Divertimento sulle ultime parole di Socrate*. Milão: Adelphi (ed. or. 1984), 1987.

DUPÈBE, J. (ed.). *Nostradamus. Lettres enédites*. Genebra: Libraire Droz, 1983.

DUROT, E. *François de Lorraine, duc de Guise entre Dieu et le Roi*. Paris: Classiques Garnier, 2012.

GIANNOTTI, T. *Thome philologi Raven. De vera diluvii Pronosticatione Anni MDXXIII ad Karolum max*. Roma, Imp. s.e 1522.

GINZBURG, C. *Il nicodemismo. Slmulazione e dissimulazione religiosa nell'Europa del' 500*. Torino: Einaudi, 1970.

GIORGI, G. *Il prossimo futuro attraverso le grandi profezie*. Milão: Armenia editore, 1976.

GOTOR, M. Carlo V alla conquista di Tunisi, in: "*Civiltra del Rinascimento*", 2, 5 (2002), 17-21.

GRASSETTI, G. B. *Metodo facile per conoscere la vera dalla falsa astrologia com ol'aggiunta dela vera e dela falsa chiromanzia*. Roma: Giuseppe San-Germano, 1698.

GUERRINI, D. *Il tesoretto dela cultura italiana*, vol. XIX, Fratta Polesine (RO), Imp. s.e., 1923.

GUINARD, P. *Le monstre d'abus du pseudo Daguenière (1558)*. Disponível em: http://cura.free.fr/dico6advpl/711Adag.html. Acesso em: fev. 2018.

ID. *Les premières éditions des Prophèties 1555-1563*. Disponível em: http://cura.free.fr/dico2pro/606B-pro.html. Acesso em: fev. 2018.

HALBRONN, J. Une ataque réformée oubliée contre Nostradamus (1561), in: *"Bulletin de l'Association d'étude sur l'humanisme, la reforme et la renaissance"*, 33 (1991), 43-72.

HOMET, J.-M. *Le retour de la comète*. Paris: Imago, 1985.

HOWE, E. *Gli astrologi del nazismo*. Milão: Mondadori (ed. or. 1967), 1968.

INTROVIGNE, M. Duello su Nostradamus, in: *"Avvenire"*, 9 abr., 1999.

JONNA, M. *Terza guerra mondiale. La profezia di Nostradamus*. Disponível em: http://www.panorama.it/news/cronaca/terza-guerra-mondiale-nostradamus/. Acesso em: fev. 2018.

KAMEN, H. *Il duca d'Alba*. Torino: UTET (ed. or. 2004), 2006.

LEONI, E. *Nostradamus and his Prophecies*. New York: Bell Publishing Company, 1982.

LE ROUX, J. *La clef de Nostradamus, isagoge ou introduction au véritable sens des Prophéties de ce fameux Auteur*. Paris: Pierre Giffart, 1710.

LEROY, E. *Nostradamus. Ses origines as vie son oeuvre*. Marselha: Laffitte Reprints, 1993.

LHEZ, E. L'ascendance paternelle de Michel de Nostredame, in: *"Provence Historique"*, 18, 74 (1968), 385-423.

LIAROUTZOS, C. Les prophéties de Notradamus: Suivez la guide, in: *"Bulletin de l'Association d'étude sur l'Humanisme, la Réforme et la Renaissance"*, 23 (1986), 35-40.

LUCHINO CHIONETTI, M. *Corrado Liscostene e le antiche osservazioni sui fenomeni naturali d'interesse geografico*. Torino: Giappichelli, 1960.

MALVEZZI, N. Il diario meteorologico di Andrea Pietramellara per l'anno 1524, in: *"Atti e memorie della R. Deputazione di storia pátria per le provincie di Romagna"*, s. III, 2, 5 (1984), 445-486.

MIQUEL, P. *Le guerre di religione*. Firenze: Sansoni (ed. or. 1980), 1981.

MOLETI, G. *L'efemeridi per anni XVIII. Le quali cominciano dall'anno corrente di Cristo Salvatore 1563 (?) si terminano ala fine dell'anno 1580*. Veneza: Vincenzo Valgrisio, 1563.

MURAISE, E. *Il re scomparso*. Milão: Sugar (ed. or. 1967), 1969a.

_____. *Saint-Remy de Provence et les secrets de Nostradamus*. Paris, Julliard, 1969b.

NATAF, A. *I maestri dell'occulto*. Roma: Gremese (ed. or. 1989), 1991.

NAUERT, C. G. *Agrippa and the Crisis of Renaissance Thought*. Urbana (Il.): University of Illinois Press, 1965.

NOSTRADAMUS, M. *Les oracles de Michel de Nostradame. Édition ne varietur par Anatole Le Pelletier*, vol. I. Genebra: Slatkine Reprints (reprodução anastática; ed. or. 1867), 1969a.

_____. *Les oracles de Michael de Nostradame. Édition ne varietur par Anatole Le Pelletier*, vol. II, Genève: Slatkines Reprints (reprodução anastática; ed. or. 1867), 1969b.

_____. *Centurie e presage*. Editado por R. Boscolo. Milão: Mondadori, 1979.

_____. *Les prophéties* (Lyon, 1555), *Les Amis de Michael Nostradamus*, Lyon (reproduções anastáticas; ed. or. 1555), 1984.

NOVAES, G. DE. *Elementi dela storia de'Sommi Pontefici da San Pietro fino al felicemente regnante Papa Pio VII*, vol. III. Roma: Francesco Bourlié, 1821.

OBSEQUINS, J. *Quae supersunt ex Libro de Prodigiis. Cum animadversionibus Joannis Schefferi, et supplementis conradi Lycosthenis*. Curante Francisco Oudendorpio, Lugduni Batavorum, apud Samuelem Luchtamans, 1720.

ORIEUX, J. *Caterina de'Medici. Un'italiana sul trono di Francia*. Milão: Mondadori (ed. or. 1986), 1987.

OVASON, D. *Segreti di Nostradamus. Una rivoluzionaria lettura delle profezie*. Milão: Mondadori (ed. or. 1997), 1998.

PANISSE-PANISSIS, H. DE. *Les Comtes de Tendes de la Savoie*. Paris: Librairie de Firmin-Didot et Cie, 1889.

PARKER, E. F. L'inspiration et la méthode des Centuries, in: "*Revue du Seizième siècle*", 10 (1923), 148-158.

PATRIAN, C. *Nostradamus. Le profezie*. Roma: Edizioni Mediterranee, 1981.

PERRONE COMPAGNI, V. *Astrologia e filosofia oculta in Agrippa*. Firenze: Olschki, 2001.

_____. *Ermetismo e cristianesimo in Agrippa. Il* De triplici ratione cognoscendi Deum, Firenze: Polistampa, 2005.

PIGANOIL DE LA FORCE, J. A. *Nouvelle description de la France, dans laquelle on voit le Gouvernement général de ce Royaume* [...], vol V. Paris: Charles-Nicolas Poirion, 1753.

PIOBB, P. V. *Le secret de Nostradamus et de ses célèbres prophietes du XVI e siècle*. Paris: Les Éditions Adiar, 1927.

PONTANUS, I. I. *In centum sententiis Ptolemaei*. Florença: Haeredes Philippi Iuntae, 1520.

POSTEL, G. *La chiave delle cose nascoste*. Gênova: I Dioscuri (ed. or. 1547), 1987.

PRÉVOST, R. *Nostradamus, le mythe et la réalité*. Paris: Robert Laffont, 1999.

RISSAUT, I. P. *Verso la fine dei tempi. Studio comparato delle profezie e predizioni dai tempi attuali alla fine*. Padova: Alce, 1948.

RUSCELLI, G. *Le imprese illustri, con espositioni et discorsi del Sor Ieronimo Ruscelli*. Veneza: Francesco de' Franceschi, 1584.

RUZO, D. *Le testament de Nostradamus*. Mônaco: Éditions du Rocher, 1982.

SAMPIETRO, L. *Nostradamus settimo millennio*. Casale Monferrato (AL): Piemme, 2001.

SCALIGER, I. C. *Poemata omnia in duas partes divisa*. Leidae: In Bibliopolio Commeliniano, 1600.

SHELLENBERG, W. *Le memorie di Schellenberg*. Milão: Longanesi (ed. or. 1959), 1960.

SHUMAKER, W. La magia naturale come de forma premoderna della scienza, in: VASOLI, C. (ed.). *Magia e scienza nella civiltà umanistica*. Bolonha: il Mulino, 1976, 109-120.

SPOONER, F. C. Il conflito fra Asburgo e Valois, in: ELTON, G. R. (ed.). *Storia del mondo moderno, vol. II: La reforma*. Milão: Garzanti, 1967, 432-468.

TOMMASEO, N. *Relations des ambassadeurs vénitiens sur les affaires de France au XVI e siécle, recueillies et traduites*, vol. I. Paris: Imprimerie Royale, 1838.

TORNÉ-CHAVIGNY, H. *Concordancè des prophéties de Nostradamus avec l'Apocalypse ou l'Apocalipse interprétée par Nostradamus*. Bordeaux: Typographie V. et Justin Dupuy et Comp., 1861.

_____. *Nostradamus éclairci ou Nostradamus devant Mgr. Dupanloup, M. L. Veuillot et nos interprètes de Prophéties Moderne*. Impr. de N. Texier-Saint-Jeand'Angély, Pons-Saint-Denis-du-Pin, 1874.

UTENHOVE, K. VON. *Xenia seu ad illustrium aliquot Europae hominum nomina, allusionum*. Basileae Rauracorum, Thomas Guarinus Nervius, 1568.

VAN BERKEL, T. W. M. *Information on dr. Baron Lage Fabian Wilhelm Stael von Holstein alias Norab (1886-1946)*. Disponível em: https://nostradamusresearch.org/en/ww2/staelvholstein-info.htm. Acesso em: fev. 2018.

VIDEL, L. *Declaration des abus ignorances et seditions de Michael Nostradamus de Salon de Craux en Provence oeuvre tres utile & profitable à un chacun*. Avignon: Pierre Roux et Jan Tramblay, 1558.

VIVANTI, C. *Lotta politica e pace religiosa in Francia fra Cinque e Seicento*. Torino: Einaudi, 1963.

YATES, F. A. *Astrea. L'idea di impero nel Cinquecento*. Torino: Einaudi (ed. or. 1975), 1978.

ZAMBELI, P. Fine del mondo o inizio della propaganda?, in: *Istituto Nazionale di Studi sul Rinascimento, Scienze, credenze, levelli di cultura. Convegno Internazionale di studi*. Firenze, 26-30 de junho 1980, Firenze: Olschki, 1982, 291-368.